U0936623

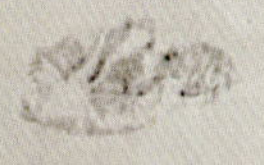

漣漪亭稿卷第一

古瀛樊深

四言古詩

遲遲其行送范海村爲滑縣令

遲遲其行維是長民棘矣民瘼維令之平
秩爾腹心其民千億敷政四方爲王之翼
善人維嚴以求民資惡人維殘以棘爾私
勿曰冥冥而人不聞覿視維嚴下民其徵
匪威之服明德是服違厥攸好民亦爾拂

明嘉靖十五年刻本《漣漪亭稿》（徽州歷史博物館藏）

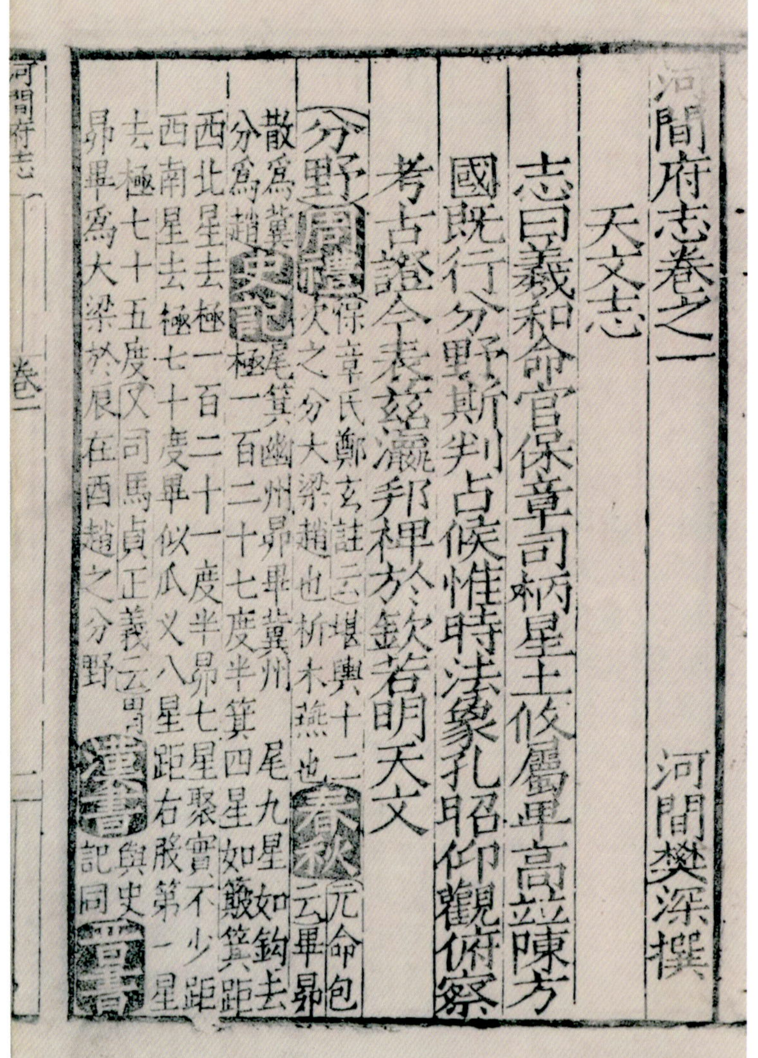

河間府志卷之一　　河間樊深撰

天文志

志曰羲和命官保章司柄星土攸屬畢高並陳方國既行分野斯判占候惟時法象孔昭仰觀俯察考古證今表茲瀛邦稗於欽若明天文

分野　周禮保章氏鄭玄註云堪輿十二次之分大梁趙也析木燕也　春秋元命包云畢昴散爲冀分爲趙　史記尾箕幽州昴畢冀州　尾九星如鈎去極一百二十七度半箕四星如簸箕距西北星去極一百二十一度半昴七星聚實不少距西南星去極七十度畢似瓜叉八星距右股第一星去極七十五度又司馬貞正義云胃昴畢爲大梁於辰在酉趙之分野　漢書與史記同　晉書

河間府志　卷一　一

明嘉靖刻本《河間府志》（日本國立國會圖書館藏）

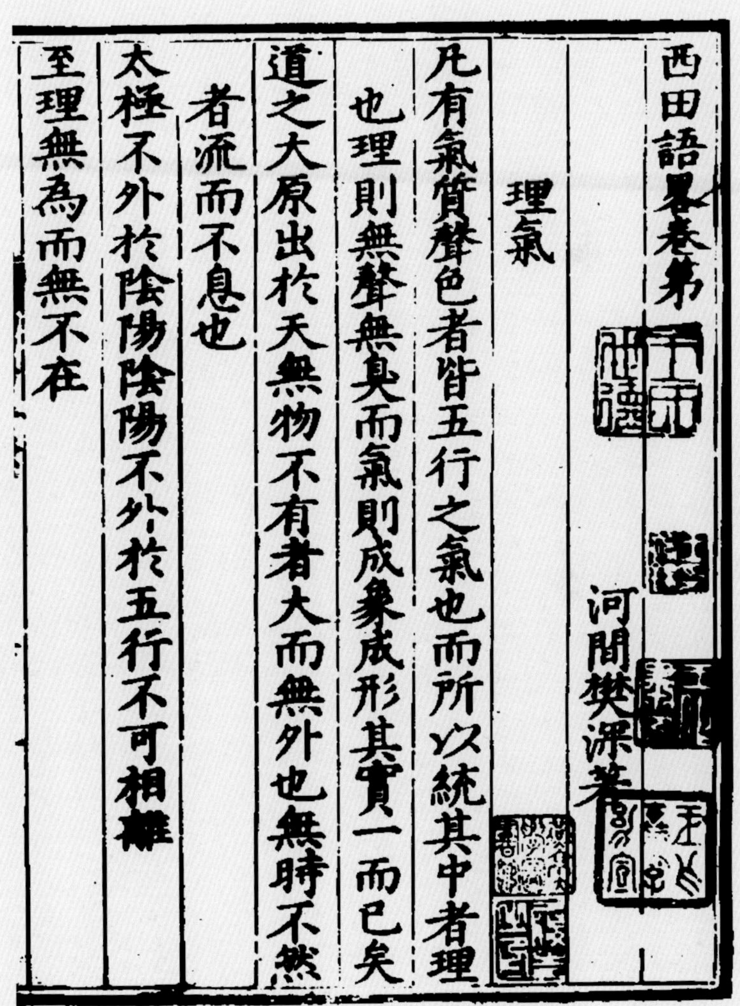
西田語畧卷第一

河間樊深著

理氣

凡有氣質聲色者皆五行之氣也而所以統其中者理也理則無聲無臭而氣則成象成形其實一而已矣

道之大原出於天無物不有者大而無外也無時不然者流而不息也

太極不外於陰陽陰陽不外於五行不可相離

至理無為而無不在

明嘉靖二十七年刻本《西田語略》（《四庫存目叢書》）

程珏

貫直隷德州左衛軍籍山東掖縣人 州學生

治詩經字子彬行三年二十二月二十一日生

曾祖清 祖恕 父賢 母李氏

重慶下 兄璟 琳 弟瑀 琛 娶吳氏

順天府鄉試第二十五名 會試第二百九十名

樊深

貫直隷大同中屯衛軍籍 國子生

治易經字希淵行一年三十三月十三日生

曾祖讓壽官 祖資義官 父景時義官 母潘氏

具慶下 弟潛義官 娶徐氏

順天府鄉試第七名 會試第一百三十三名

明嘉靖刻本《嘉靖十一年進士登科録》（天一閣藏）

[明] 樊深 著
劉青松 輯校

河北大學出版社 · 保定

漣漪亭稿

LIANYI TING GAO

出 版 人：劉相美
選題策劃：楊顯碩
責任編輯：陳學志
裝幀設計：楊艷霞
責任校對：蔡文濤
責任印制：常　凱

圖書在版編目（CIP）數據

漣漪亭稿 / 劉青松輯校．-- 保定 ：河北大學出版社，2024．7．-- ISBN 978-7-5666-2392-8

Ⅰ．G256.1-53

中國國家版本館 CIP 數據核字第 2024RA7279 號

出版發行：河北大學出版社
地址：河北省保定市七一東路 2666 號　郵編：071000
電話：0312-5073019　0312-5073029
郵箱：hbdxcbs818@163.com　網址：www.hbdxcbs.com
印　　刷：保定市北方膠印有限公司
幅面尺寸：148 mm × 210 mm
印　　張：6
字　　數：102 千字
版　　次：2024 年 7 月第 1 版
印　　次：2024 年 7 月第 1 次印刷
書　　號：ISBN 978-7-5666-2392-8
定　　價：36.00 圓

如發現印裝質量問題，影響閱讀，請與本社聯系。
電話：0312-5073023

前　言

樊深（1501—1576），字希淵，號西田，直隸河間人，嘉靖十一年壬辰（1532）進士，歷官至刑部左侍郎，著有《諫垣奏議》《漣漪亭稿》《河間府志》《樊氏族譜》《防邊議》《禦戎論》《籌荒録》《讞獄記》《西田文集》《西田語略》。

據樊氏家族墓志[①]、《漣漪亭稿》及嘉靖《河間府志》中的相關記載，可大略描述樊深的家世。其先世合肥人，五世祖進，隨明太祖起兵，授山右蔚州衛指揮同知，進子貞，以未參與成祖靖難之役，謫戍河間府，屬直隸大同中屯衛，故家河間。貞子謙，有懿行，載在府志。謙子資，

---

① 見龔用卿《雲岡公文集》卷八《明故封徵仕郎户科給事中鶴峰樊公墓志銘》（樊深父樊景時）、獻縣孟各莊出土《明故將仕郎鴻臚寺司賓署署丞西里樊公暨配孺人林氏鄭氏墓志銘》（樊深弟樊潛）、《明府庠生光宇樊公墓志銘》（樊深孫樊文炳）。

早卒，其妻金氏獨撫幼子景時成立，即樊深之父。樊深于嘉靖七年中举人，十一年中進士，十二年任蘇州府推官，十六年遷户科給事中，二十年任通政使司右參議，二十二年任通政使司右通政，二十四年升通政使司左通政，二十九年進通政使司通政使，以彈劾仇鸞罷職。隆慶元年(1567) 起復原官，尋升刑部右侍郎，十月轉左侍郎，次年致仕。萬曆四年，卒于家。① 樊深爲官時，在河間府城東孟家莊購置義田，以安置族人之貧病者，兼作家族墓地，即今獻縣本齋鄉之孟各莊。

樊深在通政使司任期間，多所建白，他的《諫垣奏議》《防邊議》《禦戎論》《籌荒録》《讞獄記》蓋即此時作品，今未見傳本。② 嘉靖十七年底至二十年，樊深丁父憂家居，受河間知府郜相所托，主編《河間府志》，是河間有志之始。其體例嚴謹，記載詳實，爲後世河間府修志所

① 參見秦進才《嘉靖〈河間府志〉編纂者樊深生平與籍貫考論》，《河北師範大學學報》(哲學社會科學版)，2016 年第四期。

② 據范邦甸《天一閣書目》卷二，《諫垣奏議》四卷，刊本，嘉靖二十三年姚江孫陞序，許應亨跋後。

借鑒，有嘉靖刻本。[①]《樊氏族谱》失傳。[②]《西田語略》是樊深對政治、經濟、文學、思想等領域問題的議論，有嘉靖二十七年刻本，《四庫全書》存目。《漣漪亭稿》有嘉靖十五年刻本，今藏于徽州歷史博物館，鈐“愛閑居主”“留爲永寶”、“桐軒主人藏書印”諸印，當是先歸金壇王澍，後歸錢塘汪憲收藏。

《漣漪亭稿》題“古瀛樊深”著，是樊深中進士後至任苏州府推官期間（1532—1535）的作品，内容多爲同僚之間的酬唱，如王鴻漸、伊敏生、高叔嗣等，也有當地名流之間的交往，如文徵明、吴仕等。其餘寫景抒情之作，亦頗示己懷。書前有鍾鑑序，鍾鑑，字爾正，號方塘，山西澤州人，嘉靖八年（1529）進士，次年任河間府獻縣知縣。歷代的目録著作，多誤以《漣漪亭稿》爲九卷，[③] 衹

---

① 嘉靖《河間府志》序跋皆署嘉靖十九年，然天一閣藏本卷十七《宦迹志》載有嘉靖二十二年（1543）内容。（來新夏主編《河北地方志提要》，282 頁，天津大學出版社，1992 年）日本國會圖書藏本同卷挖改增補載至嘉靖二十三年。（嚴紹璗編著《日藏漢籍善本書録》，606 頁，中華書局，2007 年）當爲此後開雕。

② 癸卯冬，筆者走訪獻縣孟各莊，得知樊深《族譜》已失傳，今存《樊氏族譜》乃今人所編。

③ 如高儒《百川書志》卷十六、萬斯同《明史・藝文志》、黄虞稷《千頃堂書目》卷二十三等，後二者蓋受《百川書志》影響，《百川書志》（卷二十）將《漣漪亭稿》卷十“連珠”獨立著録爲“連猗亭擬連珠一卷”，故以爲《漣漪亭稿》九卷。

有范邦甸《天一閣書目》（卷四）著録十卷，天一閣之所以準確，大概是因爲天一閣的創立者范欽和樊深是同年的缘故。①

此次整理出版的《漣漪亭稿》，包括嘉靖十五年刻本《漣漪亭稿》十卷和辑校者搜集的《漣漪亭佚文》二卷，（一部分是奏疏、政論及方志、碑銘、族譜所載的應酬文字，一部分是《河間府志》中的議論）附録樊深相关研究資料等，仍其舊名“漣漪亭稿”。正體横排，加以新式標點，并對其中的异體字、异寫字作了規範處理。

① 范欽《天一閣集》卷十七有《邸報同年曹東村吴望湖傅少岩三尚書樊西田侍郎長逝二首》。

目　録

漣漪亭稿

漣漪亭稿序

竊觀古人文辭，皆自然而然，而後世則刻意以爲之者。今夫天浮于上，而日月星辰繫焉；地載于下，而山川草木形焉。天地豈有意于文哉？亦氣以形寓，機以會張，而不得不爲之著也。三百篇之所以大過人者，無他焉，亦以其言本于憂君愛國之心，忠厚惻怛之意，是以雖婦人女子一時感寓之言，致使後世老師宿儒，終日吟咏而不能及者，蓋有由矣。

邇西田樊公，瀛人也，才邁而人豪，其志迥然雲霄之上，而人或未之悉也。觀其自燕至吴，僅及二載，而凡山川、風土、人情、物態，一有感于心者，無不發于詩，且其言平易通達，無艱難勞苦之狀，非其有得于中者，能如是邪？况蘇郡繁劇，而刑名簿書之難，甲于天下，是雖欲刻意于詩，不可得已。積之既久，乃自書其篇曰“漣漪亭稿”。蓋“漣漪亭”者，公之别舍扁題也，而《説文》謂

“漣漪”乃風動水之貌，則是風乃天之氣也，水乃地之精也。風與水遇，不求文而文生焉，亦自然之象也。公之取此，得無意乎？是宜梓行，以俟來學。

時嘉靖十五年丙申季秋朔日方塘子鍾鑑拜識。

漣漪亭稿卷第一

四言古詩

遲遲其行送范梅村爲滑縣令

遲遲其行，維是長民。棘以民瘼，維令之平。
秩爾腹心，其民千億。敷政四方，爲王之翼。
善人維嚴，以求民資。惡人維殘，以棘爾私。
勿曰冥冥，而人不聞。觀視維嚴，下民其徵。
匪威之服，明德是服。違厥攸好，民亦爾拂。
秉德弗渝，是依是崇。亦詳其始，亦懷其終。
率是令則，昭玆永錫。奠爾人民，及爾社稷。
厥政不暇，厥民不黷。告成于王，受玆介福。
介福維何？朱紱玄祖。或命爾爵，或錫爾土。
《遲遲其行》，九章，章四句。

日之出矣送嚴玉山之海寧

日之出矣，黄鳥斯飛。春之暮矣，黄葉斯催。云胡不樂？適此遐歸。

莫高匪天，莫深匪泉。之子于歸，進退維淵。匪思不能，王事維艱。

野行多露，國行多故。駕言徂征，出宿于隩。予之有懷，如熱斯觸。

匪我無朋，相淑維難。匪我無友，相求維賢。匪人我逑，教告維愆。

德既淑止，亦既賢止。動静莫違，庶幾終止。瞻視弗及，予曷有已！

《日之出矣》，五章，章六句。

岑隈岑隈，朝廟祀也

陟彼岑隈，言采其芳。瀼露湆湆，不沾我裳。

陟彼中林，言采其華。泱泱者流，爲潰爲苴。

厥采維何？曰蘅與蘭。厥用維何？清廟孔嚴。

清廟既潔，斯鍠鐘鼓。昭彼先公，爰及列祖。

《岑隈》，四章，章四句。

歔予送王湑南之陝西①

歔予來兹，歷難孔艱。敷政有恒，庶亡厥愆。匪予維賢，維爾之言。精潔惠和，錫福萬年。

厥河浚源，于澤千里。有懷維良，忠貞是許。夙夜敬咨，維敏可企。功虧一簣，于誰云止？

載舟于江，載馬于途。趨命維行，去國自吴。去國自吴，適彼隴右。保安善人，禦此强寇。

《歔予》，三章，章八句。

大人大人，思古也

大人含弘，保佑下民。履道維時，宥過維刑。民之有懷，維予一心。

弗臧弗懲，降道右名。外侮嘉謀，内忘宿心。感悟無期，致此沸騰。

大人撝恭，教民維和。小子有言，致怨頻多。誠示臧否，如石如珂。前車有跲，後車維儺。

飾愆由己，寡過由衷。古人有言，禍福無門。敬慎而動，亹亹而誠。静思無虞，安此坦行。

---

① 目録“歔予”詩下有“昔我”標題，然正文無詩。

《大人》，四章，二章章六句，二章章八句。

五言古詩

飛　燕

織成錦綉段，剪作舞衣裳。捲來飛燕著，行樂在朝陽。幾娩傾城色，頻回掌上光。歌來雙燕語，舞動百花香。君樂亦已至，妾憂亦已長。玉顔詎可恃，衰謝誰能防？君心長逝水，一去真難量。徒使今日樂，空爲後人傷。

林　巢

萋萋寒木枝，蕭蕭霜葉黄。重岩俯林隈，野鳥巢其傍。羽毛資育養，飛躍生輝光。始游玄墀側，遂拂天階長。抗身青雲中，食彼秋蘭芳。昆岳藐無礙，網羅詎可張？我有往來心，奮翼思頡頏。絶曠志已催，浩渺去無梁。寐言增永嘆，凄然心已傷。

秋　月

飄轉遺飛鏡，蒼茫瑞嶼前。始來溟海上，復傍銀河邊。涓滌成空碧，光皎印嬋娟。南峰望如晡，幽谷明已穿。耿耿肅玄露，浩浩杳雲烟。陰歸清溪口，寒度河陽巔。險徑真遐藐，天路匪屯邅。川阿屢經復，今古幾回還？仙人事已幻，桂樹誰聞傳？常悲獨往意，復作孤輝憐。達者已聞感，况夫憂隱賢！惻愴古如此，豈惟吾意然！

孔 明

孫氏方形勝，曹賊亦中原。嗟彼蜀中威，焉足守籬藩？先生運權衡，所度亦明焞。王業不可迸，况有先帝言？發兵不憚遠，决務不憚煩。許身期濟國，誓死不終存。乾坤勢已變，白晝日已昏。漢運本如此，强弱何須論？

廣志篇

登高陟天衢，飄然陵太虚。雲衣胤荒藹，雨帶會縈紆。風伯肅龍駕，雷車合并驅。霄蓋傾青冥，電旌翻焞樞。天途真寥廓，雲路罔崎嶇。西海濟浮梁，洧盤濯錦襦。太岳結幽蘭，昆仑剪靈䕫。玄冥方却避，祝融亦咸趨。式道衆神功，飄颻天地區。歸來事明主，抱義懷捐軀。六經攄玄頌，于穆敦賢劬。三皇躡高踪，五帝遐以俱。乾坤知浩蕩，詎與吾道殊！

觀　月

皎皎秋月凉，寒塘印餘潔。明明春月輝，百花意相切。月皎令人愁，月輝令人悦。憂喜任紛如，月照無增缺。雲端燭六合，萬境含清澈。對此欲何言？一嘯千峰裂。

村　居

朝向潭邊沐，暮向岩邊宿。霖灑足方塘，樹繞森茅屋。魚出水新發，雀啄果初熟。林響澄幽室，山光豁人目。攀岩覓仙侶，驅鶴呼僮僕。斜景回高峰，閑雲逐平陸。良會難再得，好景去還覆。試觀古人心，此興非吾獨。

燕居吟擬朱文公

庭際俯層陰，南風坐來久。至寶待時沽，未肯隨蒲柳。矯矯東鄰子，少壯志盈缶。努力厄時艱，倏忽成老朽。諓諓西鄰兒，機深道未剖。關節一以投，黃金大如斗。莫言拙者遲，富貴園中葵。此生有真貴，問君知不知？莫言巧者速，人生無定卜。榮寵一朝歇，視前空碌碌。嗟哉海内人，偏依物色新。手炙灰斯熱，舌存功可論？不知千載後，何以視儀秦？

江上吟擬李白

繚繞碧桃宮，層嵐幾萬叢。丹霞駐海景，玉樹摇春紅。仙人兩兩來，絳節雲中雄。青鸞十萬里，驅雷隨天風。停觴招我飲，碧鎖開穹窿。迢遥一以望，乃是黄庭翁。仗影蕭臺阻，蓬萊弱水通。仙人借我鶴，飄蕩嘘神功。開顔白玉女，牽裳呼我同。雕闌隨浩劫，燦燦瀛壺東。仙人執我手，念我遭何窮！瑶箋出秘訣，金液醉華躬。箜篌酣自已，眠雲月正朦。覺來滄海枯，回首世塵空。

唐鶴坡樓會餞胡東岩、黄亦齋

矯矯青雲客，來共青雲居。雅懷一瀟灑，清風適在兹。披襟招野曠，乘虚忽若遺。遥瞻紫山岑，木落石嵾嵯。俯視清水波，湲湲繞迴溪。落照明丹闕，樓閣迴不疑。雖然處城市，不聞車馬馳。宦苦絶傲游，登高聊自嬉。如何瞻眺中，凄凄傷别離！水流何時返？山高常在斯？白雲满郊原，來往不逾時。感物私自傷，相看泪如濱。言念曩時歡，竟成今日悲。重逢無定約，何以慰憂思？

送劉生南歸

劉生江海士，寥落居京師。常懷古人心，不急時人知。讀書三百卷，精義了無疑。吟咏五千言，咸池音猗猗。奈無親貴引，世路安可馳？出門即却步，閉門聊自思。倏忽三十年，朝朝苦寒飢。知深力未舉，相視空嗟咨。況當千里行，音信復無期。含情兩不忍，送別水之湄。出處雖殊轍，异曲却同辭。

游碧雲寺

手把湖山竹，清光滿吾目。寒花映日紅，勁草衝風綠。岩峰聳翠琳，瀑泉漱蒼玉。秋水遠浮城，喬林低壓屋。霜清唳斷猿，霧散文生鹿。溯浪水通潮，舞雩風在木。噴壑璧千頃，摘香粟萬斛。青城就頹靡，丹竈曾卜築。開雲種玉田，带露茹金菊。牛斗聯珠躔，虹霓列仙竺。鐵板鳴鏘鏘，瓊爐烟馥馥。平野天欲垂，長林月可掬。瑶草碧洞芳，珍禽華池浴。素志驂龍鸞，俗心委蠅蝠。到此靈虚宫，直欲斂華璞。

壽王湑南

明明夏景妍，相聚百花前。開樽勸公飲，一歌五音全。我生数載後，公生数載先。所生不同時，所遇幸同筵。我欲祝公壽，蟠桃無足言。惟餘鹽與梅，庶可祝公年。丹山今藐矣，玉樹復茫然。河車不必劳吞吐，海籌今已增三千。

丹陽道中有感

可愛江草青，無奈江草白。江草有榮枯，歲月寧相迫！聖德本黼黻，王道非補塞。志在行可成，詎使空游陌！

雜詩二首

紫美不如朱，碩美不如玉。紛紛岐路側，涇渭誰能燭？千金易雅樂，萬户奏新曲。陽春自奇絶，千載不同俗。

湘竹引簫韶，吹作廊廟音。池鯤奮羽翼，能爲四海陰。少年撫長劍，放歌燕山岑。本期報明主，安用富黄金？欻翕起憔悴，吐辭結幽謦。白日生炫赫，冠蓋成盍簪。分散倏原野，飄颻即水涔。路長來遠思，岩聳豁幽襟。丈夫志萬里，焉用嘆浮沉！

焦山

早登江上山，山出雲光曉。三天海上浮，一月池中皎。重岑藐無極，攀陟詎能了？直上巉峭峰，平看吴會小。季秋風雨至，岩澗塵埃少。芳草集空原，長松被寒沼。飛泉石鏡側，遠寺青林杪。火珠光瓊瑶，清梵來魚鳥。挹此暫留歡，逖慮情皆杳。始悟江國人，聚散失真巧。

漣漪亭稿卷第二

五言古詩

送吕東溪荆州抽分

绿蘿生石壁，上托松柏壊。纏綿成一家，日夜欣滋長。嗟予沉迷中，大道須君訪。三代久湮微，何人振遺響？如何二載餘，來往資忠黨？驅車回雲中，持節赴荆廣。荆廣不可居，地大荒草莽。登高有巑岏，涉险有湍瀼。茂林翔鴟鴞，幽谷群魍魎。臣職不避難，世事多乖枉。行高毁所積，功大誰爲賞？行爲居者憂，去爲知者强。下惠介而和，尼父召欲往。憐君慷慨姿，二聖同依仿。白圭不可污，具錦空鞅掌。燕山楚水間，長令吾人仰。

贈伊山泉尊翁致政歸田里

達人重知止，世事悲翻覆。歸來松菊原，且傍雲鶴宿。斂迹梶金車，韜光閉茅屋。事與二疏同，隱豈七賢獨？百川自同涘，异輻自同轂。出處雖殊轍，于道兩不黷。人生何所貴？所貴義命矗。懷哉石門子，此意誰能卜？

送伊子蒙之慈溪

朝露晨未晞，送賓已雲連。岸柳垂倒景，芳花明列筵。原隰突障壁，汀渚杳雲烟。舉目眺南越，揮手辭北燕。昨朝君欲行，積雪阻長川。今朝君始行，滙澤草芊芊。莫定去時期，安知歸來年？同心事易感，异路勢難圓。蓬萊雖咫尺，終爲弱水騫。悠悠大江北，迢迢潞水前。那知遠與近？挂席任風遄。

送曹東村爲元城尹

尺蠖屈泥沙，求伸待雲雷。鳳凰隱丹穴，知非雜草萊。明王思俊乂，搜訪得奇才。栖身雖淇水，奮翼終蘭臺。復聞商都去，偏宜節使來。九河相絡繹，萬嶼自縈迴。白馬迹仍古，鴻溝業已頹。知君三代士，勛庸鹽與梅。抗志凌青雲，眼底俱塵埃。予非金石交，愧逐桃李媒。不惜方寸心，雅懷爲君開。飄然别我去，功業及八垓。皋陶與伊傅，萬古相追陪。

漢將篇

單于寇邊郡，漢將怒顔酡。千金市駿馬，萬里奮長戈。一戰向臨洮，再戰出黄河。惟求沙漠静，没齒不言和。

送周東皋安慰代王

山高不可蹈，水深不可濡。趨避自有則，何君獨不需？戍卒真狂狡，驚呼在須臾。磨刀青石峰，推刃元戎軀。藩封苦播遷，烟塵迷城隅。武夫莫敢近，智者來踟躕。偷安公不然，濟難心覬覦。策車都門外，思見雲中嵎。果哉擁盾客，入爲賢王驅。忠義出天真，非關臣子諛。所以知道者，頌論聲俞俞。

望惠山有感

脉脉水長流，青青山更幽。沙鷗晴對語，岩鵲晚相求。暮藹寒烟積，凉生濕氣浮。芳林緣曲澗，粉壁出危樓。言念山中客，能同麋鹿游。丹方藏素匣，白石煮清瀏。爲隱星霜久，不知風雨秋。心懷人迹遠，目矚雲痕收。今夕無閑暇，重期盡日留。

遠　别

遠别促前征，蕭蕭丘陸情。落月照河曲，相依車與衡。蹇憂結大義，奉役心未寧。中駕思徘徊，展轉勞將迎。寶刀違夙志，明鏡悲枯形。寒芳貽晚香，飛雁揚清聲。歷觀險阻間，大道差不平。驅遠不回策，憂哉傷此行！

宿玄妙觀

早泊清江涘，晚宿玄妙宫。土木倍窮奢，棟宇司帡幪。構結絶天巧，捜剔奪神工。八窗開日月，萬户飛霞虹。透迤明閃爍，巀嶪森玲瓏。孔雀翬金鏤，熊羆卧碧櫳。霄扉啓閶闔，晴嵐闢鴻濛。銀榜丹方合，珍臺芝茁叢。中有玄栖士，逍遥任穹窿。晚吹紫鸞曲，飄蕩隨天風。始知塵慮絶，真與列仙通。

贈張舜舉

陽春音自絶，和者今無偶。亭亭松柏姿，不與蒲葉朽。雅志寓東山，斯文仰北斗。梧桐莫斷弦，璞瑜還應剖。須知席上珍，終非岩下叟。

晚登虞山

蒼波隔雲閃，寒石掩花萼。飛泉瀑布流，隱隱珠争落。攀崖蹐陽嶺，斜景回陰壑。山溪轉微茫，指點成紛錯。㠑㠑此峰翁，諄諄記能博。始言虞山隱，終言丹井涸。丹砂來已久，仙人去猶昨。靈神氣味成，化作雙龍躍。就此嘘風雷，飛向湖中汋。至今湖中水，耿耿光猶作。

秋日書懷

向夕發晴光，寒塘微雨歇。惆悵歔離情，意在東瀛橛。昨夜夢中歸，覺來心已愲。不見瀛洲人，但見瀛洲月。誰堪萬里軀，對此雙林杌。相看鬢已秋，自憐身在越。出門踐芳草，路遠車無軏。

寄馬鳳村

三代須良輔，建功昭至治。兩京重樹德，耿耿稱良吏。君子安所爲，冲修慮能厠。早厲冰雪操，民懷熙皥意。山峨抗奇節，江虛澄幽思。飄飖雲宇間，暇此世塵利。陰陽有舛錯，日月恒遷异。人事晦盈虛，紛紛詎可避？所期貴自保，自保在貞誼。

舟次采菱港作

秋色集南浦，芳林日上遲。碧澗落寒泉，波光粼参差。是誰妖艶女，携手水之湄。采菱芒刺惡，雙袂緑羅垂。細語雜幽禽，紅顔皎清漪。顧影色未暗，西風傷別離。啁啾鴻雁鳴，一一怨佳期。送君花發渚，思君荷委池。少年各有限，歡樂應無時。

虎丘偶書

停舟泊晚濤，上與雲霞會。倏爾衆流集，矻然遠山對。密竹啓韶音，積石逞妖態。諸天寥廓中，禪室藤蘿外。劍氣隱寒泉，塔光入青靄。世代有興亡，山靈無憎愛。淹留吴楚間，瀟灑蓬瀛界。爲合天地觀，不以岩峰礙。

秋日書懷

一雨倏復霽，秋色颯寒光。離人今何之？遠在天一方。歸航大如掌，去路曲如腸。君來不逾時，我去道路長。展轉月方皎，起坐夜未央。幸有梧桐枝，可以慰餘傷。朱弦本微婉，我意亦荒凉。凄愴一何悲！隱隱發清商。願言同心者，携手隨周行。

江南曲

妾本江南女，綉户臨華沼。失計嫁秦人，秦中鄉路杳。始還石鼓原，遥向甘泉表。舉頭望吴山，望山見山渺。河陽隔群岫，海隅阻重嶚。愁生秋草黄，悶隨明月皎。瀟瀟風雨來，過此青林杪。抑鬱妾懷多，不覺妾容少。願修一札書，附彼南飛鳥。書爲故人投，莫謂故人藐。

宜興偶會史燕峰作

昔游長安日，晨夕每相隨。開筵人對酌，趨闕馬争馳。君方適故里，予亦别京師。相望各含情，欲會初無期。扁舟移落浦，百里近華居。雖懷憂悶心，猶無見面思。忽聞車馬至，將信復還疑。開門僕從來，故人良在兹。暫留君莫去，勸飲君莫辭。既知相會難，莫使易爲離。

咏　懷

翩翩南飛鴻，言邁雲岡池。澧澧嘶玄蟬，獨枹豐林枝。蕭條寒已秋，况乃風雨期！豈不懷故鄉？丈夫志在斯。游心萬里外，交神千古時。達人事已往，道在安可遺？所懷倘有得，遑恤勞與危。

贈韓逖川

十五好風騷，三十學六韜。矢心殪山虎，立志斬溟鰲。羽檄連朝至，豺狼怒叫嘷。擊楫出風塵，奮翼射秋毫。金韝飄素羽，玉帳挂樓舠。叱咤起雲雷，軍聲動九皋。波濤風捲幟，晝夜雨鳴鼕。馳名淮海間，再戰不辭勞。橫行數千里，餘孽盡奔逃。惟斬渠魁首，歸來釁寶刀。

縹緲峰詩

巉絶創碚礐，沮洳毓英秀。古穴海隅通，巨石太湖輳。躋磴凌天風，曦露翠停綉。雲葉宿靈虛，微茫突峰岫。涵迴遂蒸洽，鴻濛試明透。飄籔巇崚嵧，傾斜木榮茂。屏障矗金庭，烟鬱争結構。劍戟森以驕，圭瓚清欲扣。夏炎貽蔭華，霜刻忽癯瘦。舉首駭杳冥，洞氣黑歆臭。時暘照紫琳，盤礴覿明晝。雨雪晦圓穹，八極混矇瞀。層嵐開嵯峨，三島嬉重姤。元氣揄太初，揮灑剥仍復。險渡可盤灣，吃語江陵雊。高趨竹塢石，歷聽上方咒。仰觀蓬壺巔，大塊恣邂逅。俯視洪濤波，迴瀾紛搜漱。激雷下昭回，狂電凌坤宙。溈洞隔雲閃，滌濯響泉溜。上有蛟龍潭，靈變詎可究？中餘豺虎群，髼鬇羽毛褎。昳晛雜蛇虺，驚呼匿猱狖。光精刻玉英，神物懸金獸。其色間蒼黄，繪畫錯相就。其形杳突兀，螺髻分瑩琇。其高朝帝扆，削仄拂寒宿。其遠狎餘峰，修眉蹙相鬥。二凫旋巨區，攢雲曠南首。疃浮勢迴環，五石偃先後。琴杵既叢集，鼃鼉互峥鶩。參差屹伶俜，弭伏力恊佑。魁奇若有服，拱翼翕無謬。落落夬萍渝，璘璘謍輻湊。熺熺火鈐燃，衍衍冰壺懋。莫言悖以弛，更擬揭復揉。造化非矯誣，開闢立已舊。質大不範模，文大不雕鏤。力大不顛倚，氣大不嘻貿。太清遺撑扜，經理值天后。左右紆靈祺，下者莫能寇。搏擊叠大荒，萬古苦勞疚。安得岑寂游，早夜去還又？勉作危嶼辭，聊以排狀候。

擬古一首

五綉垂中堂，寶瑟張宵翫。握手增綢繆，雲幔薫蘭焕。贈以瓊瑶璫，報以青玉案。彪文霞綺鮮，密刺雲波亂。去去安可留？佳期忽以散。溪沼破蓮芬，鏡匣分鸞翰。出門悵無言，三星在高漢。

擬古六首

鼓棹溯洪流，攀梁陟危岊。握手兩無言，惆悵不能别。

郎居湘水南，妾居湘水北。湘水不盈尺，妾心歸未得。

早詣湘江涘，試問湘江船。湘江通去路，或恐是郎還。

夜夢湘江島，覺來傷懷抱。不恨見郎遲，翻恨嫁郎早。

種花南園中，花發往來絶。雖有穠麗芳，耿耿兩情缺。

幽蘭發山岑，孤芳永不絶。願采凝露馨，終始爲郎結。

漣漪亭稿卷第三

七言古詩

送禮科高士元遼東募兵攻大同

驕軍叛亂何足取？憑陵險固難撐拄。粉堞嚴城高入雲，强弓毒矢來如雨。勞逸復與敵相違，衆寡何如虜勢威。居民執刃寒相守，胡騎横戈夜突圍。普天率土皆臣子，拔十得五猶堪使。海隅多少囊中客，脱穎軍前難可止。鼓動還須忠義馳，品題先得聖明知。封事收回青鎖闥，軍機莫緩黄金羈。誓滅賀蘭先斷指，雲臺麟閣俱青史。一劍難酬明主恩，千金易得生民死。駕馭何分智與愚，干城心腹來相趨。英雄盡撤網羅中，肯把市人觭虎鬚？知君壯士非兒戲，金甲層層連鐵騎。傳與逆賊早投戈，此軍更與前軍异。

公子行

望長安兮目下，嗟公子兮侯家。傷落花兮春日，恣游宴兮浮誇。瓊樓掩映兮突起，翠幃繞繞兮文騎。俯十二兮通衢，來三千兮珠履。拂香車兮金纏綿，御寶馬兮銀光連。邀游俠兮海内，趨左右兮争憐。鍏砿褒兮玉膏濃，美人列兮鏘瑽瑢。曲一聽兮激楚，誓生死兮相從。

雨後同秦東川賞花

與君對酌君莫辭，春光漫漫誰得知？與君且向花時飲，莫待花落空嗟咨。與君對酌君莫辭，百年歲月能幾時？五陵豪貴三千輩，于今存者知爲誰？君飲我須歌，我歌君且聽。迴波曲甚樂，莫奏俗人庭。古稱行樂知多少？却羡曲江與敬亭。當年酒債時時有，達人長醉不願醒。五斗能解醉，数石亦精明。通靈聚慧無如酒，頽山倒載還須傾。我無五花馬，亦無千金裘。玉膏尚有千鍾碧，與君飲盡不須憂。

落花吟

嚴城桃李光如霞，風吹片片落誰家？長安美人見花落，紗窗悵望長咨嗟。憶昨桃李花未發，把酒送君向吴越。倏忽零落今幾時？渺渺青樓空對月。洞庭海水相聯綿，滄江峻嶼含雲烟。洪濤翠浪向君起，飄然一去忘周旋。紫霞赤日來江邊，群峰突兀羅遥天。安得名公驅彩石，促山走海來吾前？子規枝上泪痕血，梁燕雙雙不忍别。生憎玉樹連枝芳，羞攀寶幄同心結。寶幄綉被聞餘香，開緘錦字斷人腸。清江一别数千里，我欲往之川路長。玉簫吹動微風起，含愁含怨歌聲裏。良夜蕭蕭露滿天，曲終不到吴江水。

送刑部張鄮江謫廣東

少年豪氣東南馳，手奪青紫如折葵。一朝蹭蹬雲路中，謫官特出鳳凰池。一身遠别八千里，一飲須傾三百卮。君不見，梁王師，前席應對漢王奇。君不見，唐子儀，倉忙應詔胡兵移。君才自可爲梁棟，况復生當明聖時？古來窮達皆如此，何必凄凄傷别離！

擬　古

禁城佳氣轉陽春，斗酒送君西向秦。秦關一去數千里，相思相怨情何已！開顔散帙不成吟，鼓瑟鳴篪亦苦音。山桃紅蕚開紛紛，窗外瑶枝好贈君。贈君祝君君須紀，流光歲月今遷徙。故園芳處有君家，歸心莫戀秦宫花。

少年行

長安少年負勇力，朝出揚鞭暮來息。青絲白馬動人看，落日朱樓共相識。鳥啼花散春復春，寶劍明鐺生素塵。陌上豈逢游歷客，樽前誰是解條人？百年命分具不偶，參差萬變誰爲剖？狐鼠縱横虎豹藏，鰍鰍自在蛟龍朽。人間萬事那得知？争看紅日西南馳。

黄河行送蘇門高先生山西大參

黄河水自昆侖息，噴壑萬里來中國。欻如飛電驅長空，勢若千騎相應亟。徹底澄清不見塵，中盤雙鯉纔盈尺。拐流百丈勢轉雄，仰天時作風雲色。偶因雷震伸頭角，聳身直上三千億。一聲霹靂下長川，雲中已見升天翼。斗轉山摇揭太清，鴻蒙浩蕩誰能即！憑陵倒景噓長虹，摩天九萬方爲極。飄颻到處博神功，霖雨八荒枯槁殖。可怪奔騰氣格隆，羽翼明時開壽域。

書太博盧後屏雙壽承恩册葉

君不見，太常盧子古人儔，思親一意常悠悠。愁隨冀北西風起，心逐東吴江水流。恩波本爲明時溥，顯榮還可爲親補。蹉跎内外俱無成，一點丹衷化爲土。那知天子性寬仁，感得熊羆入夢頻。兩年幸遇千秋節，一詔能回四海春。紫宸封敕回英盼，秘省珍藏誰可見？瑶函捧出鳳凰池，丹書拜領麒麟殿。老翁家住楚江東，百年壽考南山同。忽見鸞回霄漢來，解頤一笑朱顏紅。弦歌綺席歡無恙，陶然人物羲皇上。雙雙賀客遠來迎，兩兩兒孫笑相向。玄冠白髮最相宜，玉佩仙裙雅更奇。賢郎共喜爲時用，不是君王好惡私。大道須從忠愛始，人生富貴當如此。今君幸得爲完人，離别區區何足齒！

戰場駿馬歌

劉公駿馬兼奇毛，含姿弄態聲囂囂。青絲玉韅時來御，雕闌翠檻圍周遭。此馬昂藏衆所羡，海宇奔騰力不倦。走勢山空自震雷，流光澗闊常遺電。昨朝羽書傳聞亟，胡馬蕭蕭來自北。烽火光摇塞上紅，邊塵日轉雲中黑。空林野戰怒鳴鼓，胡地邊聲耀紫袍。整骨盤形意勢動，青沙腕促霜蹄高。輕驕出没影明滅，掉頸躩躩眦欲裂。欻然辟易烟雲隨，猛氣英風汗流血。追奔欲摽匈奴穴，羈轡連錢鞭拂雪。朔雲鷙鳥突來雄，造次能踏山路折。此馬勇力真難得，十萬强胡戰皆克。横行沙漠苦無敵，觀者紛紛俱動色。歸來欹側忘吞噬，剛强未肯降奴隸。颯颯秋風動烈飆，翻身猶作軍前勢。吾聞馬力當謀始，近者十年遠二紀。馳逐終成戡定功，報主報君衹如此。

雜　詩

熒熒寶鏡白玉堂，美人起弄明月光。羅袖輕拂楊柳嬌，翠屏自點紅桃妝。妝罷含情久不語，開窗自織鴛鴦匹。霜蕭指冷不辭寒，爲寄遠游都下侶。都下相思不相保，西風零落寒花槁。十二闌干別恨深，出門萬里長安道。

孟嘗君

齊地嚴城稱貴里，朱樓簾捲歌鐘起。十二春花覆井闌，三千食客來珠履。白馬青絲西入秦，忠肝義膽何艱辛！乘朱進入咸陽闕，叠鼓還游函谷津。一朝寵歇榮華改，世事人情莫相待。當時結交盡豪華，顧盼左右今安在？反覆終忘推食恩，鷄鳴狗盜何足論！君不見，田横之客皆義士，千載猶招地下魂！

漣漪亭稿卷第四

七言古詩

雨後偶書

烟霏霏兮雨濛濛，陰復霽兮天垂虹。風颼颼兮古木，待明月兮長空。

絲桐鳴兮白雲來，泉漱玉兮山無埃。思瑶池兮不見，花落滿兮蒼苔。

天冥冥兮孤鶴飛，朝出游兮暮來歸。飲瀟湘兮南浦，返雲路兮斜暉。

望石門兮山之幽，撫玉几兮凝吾眸。懷佳人兮荆楚，悲身世兮蜉蝣。

送張石村之淮安

憶初同作青雲友，豪凌義氣恒相守。曉出揚鞭太液橋，暮歸對酌長安酒。陋室頻將肝膽投，高堂肯爲王公留？看花遍踏迎春苑，乘興先登近月樓。相期自謂長相倚，寧知世事多遷徙？君去遥臨淮海間，我留暫在金門裏。送君特出翠華東，含情含怨春風中。桃李不言心自思，人間離合古今同。

沈宅賞菊次湑南

江南十月花方有，花光正照金樽酒。勸君一飲酒千杯，莫負花光成老朽。少年萬事俱摧頹，惟有愛花心未灰。四時常種兩三枝，一日須攀五六回。自從漂泊離鄉土，每遇花時心忺苦。江南亦有花千名，百務紛紛未曾睹。乘槎一日到君家，十層錦綉蒸紅霞。欣然一覽心胸開，欲歸須插滿頭花。

良將行贈張養素指揮

姑蘇高人號養素，八歲從師稱穎悟。慕義耻爲游俠群，酬恩早入君王募。十五學劍思擊胡，身藏太阿凌昆吾。錯鏤金環閃電光，琉璃玉匣飛龍符。二十學書何所見？英姿秀拔來酣戰。著作争誇董賈才，揮毫盡出蒼籀傳。連錢白馬光如雪，南陌人人嘆奇絶。憑陵豪氣壓燕秦，瀟灑悲歌著吴越。一旦横行習戰場，烟塵汗血風流强。戎服雙懸白羽箭，佩刀直挂黄金鐺。腹中素得孫吴數，百萬熊羆隨指顧。羽林練士拭金甲，亭障觀兵咨武庫。幸逢天下無邊塵，陰山瀚海俱來臣。良士蹉跎久不用，十載悠悠滄海濱。咨爾廟謨應授鉞，良士精忠無欠闕。百年富貴任浮雲，一點丹衷共明月。明月可望不可攀，匈奴漠漠玉門關。能選高人玉堂内，他年猶可破天山。

金山寺偶題

江之深矣中有山，山矸矸兮水潺湲。盤迴浩蕩數千里，突兀砥柱中流間。憑高直上清虚處，怪石巉岩真虎踞。忽驚人世隔仙凡，羽化飄然遺俗慮。又如鴻濛未判前，輕烟薄霧相牽連。江水滔滔不盡流，誰云滄海爲桑田？流光四壁皆空洞，地坼天分何所控？骨冷魂游不自持，瓊樓畫閣疑飛動。隱隱潮聲日中午，排空波浪互吞吐。百里山川自晦明，六朝人物成今古。懸崖絶壁臨江曙，暮靄晨輝咸可據。可憐孤嶼終無言，多少舟人自來去。

謝王長官賜冰

四時异氣難乎全，大昊穹窿張其權。冬寒春暖倏已往，綿綿盛夏流餘燀。炎帝乘龍披宇宙，羲和送日來甘泉。祝融法令本嚴惡，呵噓神景成新然。霞光虹彩互遷轉，山焦木竭知燔煎。紅雲上與赤氣合，炫赫下燭澤無涓。我亦啾啾苦炎熱，似來深甑炊其前。神昏目倦忘心語，手拂多汗流潺湲。日中堅坐久不起，垂頭欲卧難其眠。誰謂故人知我意，却遺寒冽來周旋！體完色净無瑕疵，霜姿皎潔清漪漣。水晶光動銀盤色，琉璃翠演瓊瑶鮮。颼颼疑有寒風吹，側身却避還相憐。持將一片入吾口，齒牙折裂毛髮卷。炎官酷暑不足畏，知君此意能回天。我欲報恩無可以，報恩惟有知恩篇。

有所思

烏譏譏，聲凄凄，陂塘明月墜，檐樹曉雲霎。相思何處結？遠在重岩西。上有積陰之長松，下有被野之青藜。鷙鳥飛欲盡，狐兔晚同栖。嚴霜衰秋草，古木怵猿啼。地迥飛魂招不見，江空望斷形神迷。惟有陰風天上來，寒花吹落湖中堤。别時花正發，萬朵覆横磬。相看恐不忍，遂絶丹泉梯。客夢不知離恨苦，夜來飛上長峰溪。

贈文衡山

姑蘇城内文公里，門第蕭然總不理。深居不下董生帷，高卧常憑孟氏几。百家同异不須求，獨抱遺經究所以。興來下筆凌風騷，揮灑茫茫窮不已。平生禮法尤精詳，動履無拘自模軌。耳聞世事口不道，足至公庭心所耻。東吴太守兩及門，鞍馬去公不盈咫。呼童不與僕夫言，知公自遠室自邇。况是乾綱轉明盛，推行治理從今始。大臣屢上求賢疏，天子諄諄亦捬髀。高人義士盡彈冠，幽谷寒山徵俱起。如公立志真冰潔，宜入金門傍帝止。高操定是絶凡庸，白首廟堂直如矢。聞風自可興頑懦，憲老何須乞言語？固我身是燕南人，素仰公名数千里。今忝郡吏來東南，果信所見如所擬。風化應屬畎畝人，桐江猶能資漢紀。慚愧予非薦士才，敬述高風入野史。

宜興題周將軍廟

將軍勇烈前無儔，壯哉此志真難求。有蛟深藏洪濤幽，有虎遠負南山陬。鱗甲漂轉山波浮，爪牙炫曜風雷投。將軍怒髪凝青眸，三害不除誰其尤？劍鋒直指滄江流，毒矢遠射長林丘。蛟龍碎首如降鰍，猛虎倒死如烹牛。妖蟲异類功已收，予亦相從二陸游。垂情鋭思孔與周，飄然一往成十秋。歸來父母已白頭，上堂問親憂不憂？三害不除心不休，壯哉此志真難求！

任光禄花園會飲

目中無山水，對此空荒凉。江南好事多清灑，却移山水來中堂。卷石大者纔盈尺，小池細引曲如腸。卷石玲瓏兼峭直，百金市此誇爲强。小池隱隱投泥滓，蝦行蛭渡争頡頏。荆溪令尹招我飲，安車僕馬來周行。行行進入長林沮，折花爲籬竹爲牆。三步五步復一轉，我入欲出從其傍。午時堅坐日已久，陰氣昧晦晴無光。俯躬屈膝不能起，始知一賞伐吾狂。古稱山水盛于此，西有洞庭東海水。群峰突兀羅青冥，萬壑泉聲在吾耳。雌雄真僞不須言，一物不擲即可企。君欲觀時須大觀，大觀不在池丘裏。

春日書懷

昨年春日客長安，碧石清沙劍氣寒。今年春日復南還，緑柳紅梅處處看。江北江南無定止，春來春去今三紀。今年春日客東南，明年春日知何只[①]？春去春來不必憂，燕山風景自相留。酒酣拔劍悲歌舞，忘却孤舟在渡頭。

---

① “只”蓋“止”字之借。

漣漪亭稿卷第五

五言律詩

早　朝

瑞靄來三殿，雲霞散九皋。暖風舒禁柳，春日染宫桃。玉輦龍光近，瓊樓鳳翥高。瞻陪霄漢上，終日不知勞。

送王三陵之南都三首

同游矜遠别，异路暫留連。瑶瑟春風裹，芳樽夜月前。虹橋銀漢近，東井玉繩聯。對酒頻相憶，應知旦夕還。

野館停歸馬，離筵速舉觴。水溶瑶草合，花暖玉泉香。共喜冰霜少，相憐道路長。江山雄帝宅，河洛隱仙鄉。

劍氣東南度，春光萬里通。山明留晚照，江碧下殘虹。風月遥相共，關河漸不同。君來期有限，君去恨無窮。

池　竹

寂寂紫山岑，時時獨訪尋。凝池一片玉，翠竹萬竿金。風度成秋爽，雲垂結曉陰。窮途堪寄興，魚鳥莫相侵。

送胡簡齋之泉州二首

金門頒使節，玉浪泛仙槎。籌策皆霖雨，揮毫散綺霞。水涵春色淡，山迴日光斜。無限風波内，清忠報國家。

夜渡寒猶急，春游花已嬌。雪翻江見浪，雷震夜聞潮。雁矯遥天闊，魚游薄凍消。他鄉頻悵望，重會與君要。

送王世昌之兖州

送別長安道，愁生暝色天。相逢曾幾日，重會是何年？笑出風塵外，歸來日月邊。懸知忠義客，立志自能堅。

塞上曲

胡笳鳴塞上，漢將出長河。虎節霜威重，龍沙秋色過。鼓鼙山路狹，烽火玉關多。戰士方深入，單于計若何？

送史南渠奉使關中二首

鼓角山村度，圖書驛路馳。金羈絡駿馬，寶劍耀旌旗。心事青天共，才華紫禁知。憐君專對客，應陋叔孫儀。

漠漠雲霞遠，飄飄使節雄。夕陽殘去雁，夜雪迹行驄。苔蘚秦宮滿，笙歌漢殿空。遥瞻三輔使，光射驪山虹。

游南塔寺

漫入青虚處，攀躋氣轉氛。三天開寶塔，七曜晃龍文。沙界凌雲合，珠梯帶日曛。世塵悲往復，回首自紛紛。

送畢粤溪回廣東二首

一時欣會汝，萬里羨君游。岸曲旋歸馬，沙明別去舟。鹤峰江上出，蘿月鏡中浮。渺渺青雲上，春風自去留。

岸柳依行旆，池花映別筵。藤芽森落照，石齒漱鳴泉。近夜潮聲急，衝星劍氣連。天朝屬望切，指日得君還。

閨　怨

長甘塞上苦，不念閨中愁。孤戍寒將肅，平沙望正秋。陣雲深虜帳，邊月滿秦樓。夜夜離魂夢，應歸太白頭。

送侯靜溪之廣平二首

芳筵臨落浦，歸客暫相留。風急離亭晚，花殘禁苑秋。人隨黄葉散，泪逐碧江流。不爲明時出，誰能慕遠游！

眷戀惟樽酒，蕭條别去舟。雁聲斜塞口，花氣襲江流。沙白燕關月，風清漢使秋。茫茫千里道，一望一生愁。

張氏假山同諸友會飲

載酒都門外，名園近接閭。青樓歡舞席，緑樹起仙居。鳥語歌還并，山光畫不如。醉歸明月上，車馬自舒徐。

望邊關

遥望邊塵静，王靈可自知。胡人吹玉笛，戰士醉金卮。沙軟雲鴻落，風高獵馬馳。尚思逆虜重，安樂不忘危。

扈從出長安

鳳輦臨丹地，軍威肅禁池。旌旗都護將，甲胄羽林兒。日擁千官出，雲從萬乘移。鈞天猶未奏，仙仗自遲遲。

送冉村南之西安

水石東南盛，登臨意味清。晨風吹海岸，夜月静江城。地僻鶯花色，山空烟雨聲。長安别汝去，翘首望蓬瀛。

牧　童

騎牛五尺童，飄轉任西東。慢出紅梅巷，深穿緑樹叢。蓑溶寒食雨，笛起夕陽風。瀟灑歸來晚，相呼天外鴻。

送李南津之歙縣

未別長安道，應知夢寐思。山城春遇早，野渡客歸遲。持法宜從厚，居官莫尚奇。君才終大用，不負聖明時。

春日會餞王霽山奉使東光，席間偶書二首

紫殿皇華使，春和陌上游。雪消分水嶺，花重披雲樓。別主歸瀛海，寧親返故丘。長亭回首罷，更此重鄉愁。

職子期將近，南行挽不留。節分青鎖闥，鄉遠白雲洲。柳色低新翠，江聲瀉晚流。風烟泊未可，應向海潮頭。

七　夕

相逢何處遇？七夕正佳期。雲閣浮空碧，星橋渡羽儀。霓裳識貝錦，玉佩見蛾眉。一別清秋後，時時夜雨悲。

送户部張東居之河南二首

寒聲不可聽，寥落各分程。詩賦騷人志，關河去客情。庭閑兼吏隱，宦苦雜憂榮。不盡東南事，匆匆君且行。

蕭條寒苦急，惜别不勝情。霜染狐裘重，沙平驥足輕。勛華銘鼎石，光耀擬蓬瀛。异路同回首，白雲漠漠生。

嘉定道中吟梅雪詩各一首

寒姿方破玉，萬丹俱飄蓬。影瘦天邊月，神清雪後風。亭臺雙幹上，籬落一枝東。多少幽人興，還于此處同！

一色皓無邊，原田嶺樹巔。微茫迷海道，淡白點江烟。氣轉風霜厲，光涵景物鮮。蓑翁寒苦飢，獨抱釣絲還。

送吕乾齋之金華

感君多義氣，早歲即知心。病本懷歸入，愁因惜别深。平臺侵曉日，高樹泊輕陰。佇望南行客，飄飄入别林。

村　居

村居幾二載，魚鳥喜相群。野水留春日，長峰送夕曛。看花因逗浦，采藥誤迷雲。歸來明月上，飲罷不成醺。

春　歸

數年游未返，千里晚當歸。入境鶯花問，驅車僮僕依。井廬春草合，里社故人稀。父老時相候，牽裳日尚暉。

江　上

依崖覓芳渚，漂轉泊孤舟。地迥寒峰出，天空碧浪浮。海雲斜送日，江樹早關秋。故國風烟近，無遺宦迹憂。

西　湖

曉嵐紛去路，促楫泛長川。叠浪分千派，閑雲共一天。雨愁鶯自語，春媚花成然。瀟灑閑游客，朝朝蓬島邊。

書王侍御先生隱居圖

日暮江亭上，悠悠望正東。水涵山舍碧，霞度海濤紅。翠靄浮窗外，寒峰落鏡中。歸來絶往復，相伴獨漁翁。

游北寺吴孫權建

廣堂閑白日，立馬踏青蕪。寺舊迹仍古，僧寒貌頗枯。鼎分真割裂，碑記已模糊。默想當年恨，空遺魏與吴。

秋日渡中

旅客滄江上，層城指顧中。狂霖收晚暑，白露轉秋風。返棹移仙地，乘流向楚宫。蕭條寒已暮，花鳥漸成空。

挽夏體仁

矯矯風流士，高情异路逢。重門聆夜語，清禁趨晨鐘。江漢頻相憶，乾坤暫不容。雄才今已矣，望斷白雲峰。

白龍祠

古祠連碧落，金澗俯林泉。溪泛青菰米，山開白玉田。望舒雲葉斷，仙掌露華圓。大道知無外，靈神信不偏。

游君山

攀崖聊一望，蕭瑟禁丹梯。潮返波仍静，雲生山自迷。天連秋水闊，峰繞曙城低。歡賞恣吾性，歸來花滿溪。

舟次河關

曉發别層臺，寒風故故來。望迷雲葉斷，渡盡水紋迴。嶺樹秋仍合，關門晝不開。悠悠蓮下曲，聽罷不勝哀。

焦山題焦隐士祠

翠嶼盤千仞，清江繞四圍。地當南北限，人絶古今稀。三聘方耕野，一歸卒采薇。高風岩石下，瞻仰自巍巍。

送王南湖北上

數年南國遇，一别不勝情。流瀑喧行佩，飛埃斂去旌。路遥千里闊，風静一川平。最苦離亭上，悠悠黄鳥鳴。

吴江夜坐偶書

開軒臨澗渚，起坐散纓冠。月白鷄聲曉，天空雁陣寒。占星窺帝座，望日憶長安。寂寞喬林下，悠然獨倚闌。

春　夜

遠渚栖春鳥，層林晦夕烟。暖飆生翠閣，流火下珠躔。嶂叠星河近，溪迴岸谷偏。開窗憑几席，北望指江淵。

贈鍾方塘出港

貔虎爲謀久，高才兵甲神。分麾出海岸，仗劍杜河津。陣布風雲迴，恩回雨露新。群凶非善類，玉石辨能真。

游焦山

興來人去晚，日暮鳥飛稀。江雨辭仙閣，溪風滿釣磯。雲行天五色，山合地重圍。忽爾清虚處，蕭然名利微。

漣漪亭稿卷第六

五言排律

早　朝

北闕晴光早，層崖烏尚栖。護衣仙帳内，駐輦玉華西。畫閣臨翔鳳，銀橋飛素霓。九門金鑰徹，雙禁玉珂齊。花樹拂牛斗，天階列馬蹄。旗連珠宿近，仗簇絳河低。佳氣分黄道，新恩降紫泥。百揆章奏罷，香藹霧烟迷。

鴛　鴦

兩兩池邊鳥，飄飄湖海情。乍分方孑立，度盡復雙鳴。碧澗緣渠遠，奇毛落渚輕。紅衣著已舊，翠鬣畫新成。華露分千點，飛泉共一聲。月臨方息浦，風捲自隨萍。眷戀蓮渠茂，悲愁冰雪瑩。矢心期并死，仗節誓平生。自結連枝信，無憂打鴨驚。天涯逆旅客，對此志難平。

春日早朝

刻漏傳金殿，鐘聲啓尚方。禁林開暝色，宮沼煦新陽。瑞靄鸞輿上，祥雲帝座傍。珥貂常侍貴，劍履近臣良。丹陛分鵷列，宸章引鳳翔。九天承巽命，庶府效明揚。威遠冰霜重，恩深雨露長。勛華光海岳，聖德溢邊疆。素食渾無補，空歌舜與唐。

過高石橋

鳴川東入海，叠浪遠隨舟。氣動三秋爽，光涵萬象浮。横橋夾兩岸，砥柱逆中流。绿樹馨香合，飛泉瀑布流。馬行天路曲，人泛海潮頭。斗柄寒星轉，輿梁宿雨收。汲泉歸石鼎，分火自漁舟。露冷蓮房折，沙明竹徑幽。故鄉不可見，美景詎相留？

送胡東岩之豐城

擊楫下燕都，移舟歸楚湖。潮生江上下，雲出嶺沉浮。地狹林塘满，天空鳥雀孤。春光行處有，苛政到來無。案牘琴堂静，弦歌豐水敷。温温君子貌，應入麒麟圖。

書王氏來鶴手卷

鶴從天上來，傍我詩人居。素質冰霜迥，丹精星宿移。赤玄發麗藻，騰躍自驅馳。道化夤仙意，胎靈隱秀姿。凌霄雙羽健，戒露一聲奇。玉樹神游遠，天衢風力危。蒼茫高遠趣，倏忽往來遺。佇立疑求侶，追隨若苦飢。霜飛色慘淡，月舞影参差。聆唳時相憶，修毛還自持。高飛依渤水，矯翮避虞諆。浩蕩雲霞外，相思不可期。

送常冲瀾之上海

聞君多義氣，早歲覓封侯。勁節寧老朽？丹心且壯游。同歸俱綺紱，行佩已琅璆。棨戟供舷旆，軒階拜冕旒。依崖拂薄霧，移艭逆中流。浩渺聞漁笛，飄颻別御溝。南圖鵬翮健，北海鯨鱗修。縣邑迴平坂，關河扼上游。皇風清壽域，繚岸躋瀛洲。溪嶼晨鳴鶴，岩林夕放牛。明刑速剖决，常賦緩徵求。輔弼揄神物，訏謨資遠猷。太平祈玉燭，德化絶毛輶。俯與斯民樂，中分天子憂。調元諧鳳律，善世建鴻籌。百里考功地，金鉉須爾儔。

九日書懷

小亭方獨坐，亂嶼望嵾峨。黃葉隨風遠，清砧向夕多。蕭條雲斷壁，悲切露衰荷。雁序分汀浦，猿聲下薜蘿。思深懷劍客，氣浩逐江鼉。短札搜岩穴，長篇吊汨灑。吟成秋色暮，滄海自烟波。

夜賞吴頤山花園

野趣條輕暢，卜居遠辱榮。緩游隨仄步，幽賞得深行。地接玄流沮，園貽種藥平。庭昏兼葉暗，路俠復花縈。碧萃勞瞪視，紅深結蔓坪。石撑雲迹静，荷側露圓傾。歸鶴栖林夢，宿蟬落葉驚。攀躋松鼠亂，出縮壁蟲鳴。聳檻石看墮，瀑流沸轉鏗。花明施素錦，篁折佩遺笙。瀟碧森繚岸，騈鮮擬步瀛。倒澄池閣影，佇倚石闌渹。風景壺中集，烟霞物外横。翠陰凝稍昧，佳氣鬱新晴。蛛網寂仍織，蝠巢出復營。爐熏薷繞沠，鐘響聽宣鍠。蚊啄喧爲陣，螢輝鬥若明。螯聲吹玉漱，竹影碎金鉱。恍惚烟迷秀，微茫霧曳清。驚飛識羽翼，香氣辨蕭蘅。别院薔籬隔，重門藤索絣。舒眉柳展碧，燭髮沼含澄。亂輯赫神武，時平富國禎。主人多婉戀，見久識精誠。白雪誰同調？滄浪我濯纓。百年朝與暮，四海弟于兄。斂迹辭丹闕，韜光定血盟。客來欣滿座，户闢露懸旌。歌罷悠揚辨，棋圍勝負成。雉羅分野饌，鯉釣覓池羹。霜橘經寒燠，霞觴自滿盈。庖人能解味，山果不知名。短札詩看細，長橋鼓漸更。雅言知有益，數畝樂無徵。興發疑騰翮，思狂欲化鯨。納凉暑減服，分火夜炊粳。坐久花生炬，燒殘膏滴檠。樂餘惛意膽，睡迫閃眸睛。渟壁微微映，高星故故呈。牽裳錯几席，行陌接車衡。若問歸來晚，歡游莫浪評。

同諸老游惠山

幽居通廣陌，細柳覆春泓。暫擬烟花隔，還依落浦行。嶔岑分翠蓋，喬木駐雙旌。捲幔波光發，攀岩曙色明。瓊峰高度鶴，玉樹暗藏鶯。飛棟揄銀漢，重軒俯錦艓。石刻通玄古，爐烟啓上清。雅懷隨洞寂，壯志入雲平。因喜林泉客，能爲永矢盟。

願治堂春日書懷三十韵

去去三江水，飄飄萬里身。雲山淹日月，草木變星辰。水暖長橋夜，峰青震澤春。翠虚開瘴癘，丹壁斬荆蓁。榮謝松花共，登臨燕雀馴。有時悲异路，何處覓通津？伏枕追璇室，開軒對渚瀕。哀猿頻灑泪，歸雁屢傷神。同輩看消落，高才日隱淪。羽毛怵罹網，江漢憶垂綸。時事多仍舊，乾綱幾度新。犬羊曾爛熳，兵甲苦因循。再造君恩闊，遭逢王化純。虎符國命將，麟閣主延賓。電掃妖氛息，風行雨露均。遐方歡貢物，异域喜稱臣。海渥天威復，王靈燕翼臻。太平集有象，德澤廣無垠。受賜先今主，施恩遠近民。孔門懷魯得，魏闕希軻陳。許國宜嘗膽，憂君莫愛身。萍游知暫寓，株守自甘貧。雄劍孰堪試？群書我獨親。章程紛錯列，禮數不逡巡。廟略聆黄閣，璽書愧紫宸。盡言誰補衮？待聘自懸珍。畫虎徒遺笑，雕蟲莫效颦。長鯨終得意，尺蠖轉求伸。潤澤將亡匹，經綸擬濟屯。定期三代士，方效五湖人。

憂旱

長夏貽晴久，閑雲聚復還。火龍行正急，風伯猛無前。炎瘴山稠積，昏沙日轉遷。野花乾更滅，豐草腐成然。水涸沙痕出，泉消石磴懸。雲霓空望斷，雨露知恩偏。莅此徒援手，斯民未息肩。小康終愧古，大有期何年？輸納時方盛，瘡痍命未全。開襟思訪治，閉閣自繩愆。兢業雷霆赫，烹焚責咎先。夜眠須暴露，立志欲回天。

春詣太倉州觀兵二十韵

斷岸遺山舊，通潮積浪新。驅車駉馬疾，移棹野鷗親。

空翠猶懸壁，年華幾度春？海桃紅綻錦，路柳白飛銀。浩蕩雲衢遠，騫騰風翮神。開襟當午晝，游目即江瀕。湘竹條音正，吴箋染翰真。論文宜吊楚，欲説耻連秦。謀拙隨消長，心安任屈伸。送窮五鬼惡，乞巧一星嗔。尚喜時方盛，從來國重賓。九重恩照耀，三接禮逡巡。鵷鷺欣成匹，豺狼愧作鄰。窮途經歲月，异路隔風塵。夜渡恒微服，晨游謾折巾。敢懷迷國寶，自試居身珍。高卧紆籌策，長驅陋隱淪。渠魁行就戮，餘孽漸還淳。鋒鏑宜停伍，干戈莫近民。扁舟回首去，共作太平臣。

冬日早至無錫遇陳正郎有感作

路出喬林外，舟行楚澤間。鼓鼙喧桂楫，鐵鎖渡河關。曙影分清旆，香氛動遠山。潮歸江岸闊，雲去石龕閑。映日凰猶寂，栖陰豹已斑。岩巒羅枕席，川澤净雲鬟。勁竹衝寒色，孤松壯舊顏。浮生悲物理，枯坐切民鰥。遇舊纔傾蓋，贈君思解環。金梔羈宦迹，銀漢憶朝班。御苑中常近，新恩衛士頒。于門與霍氏，二者莫齊攀。

漣漪亭稿卷第七

七言律詩

仲春日出都門

闌外清波深不流，晴光疏影自悠悠。蒼茫林壑歸帆遠，爛熳闤區馬迹稠。日照烟花明玉殿，雲連江漢迴銀樓。獨憐春色無相弃，朝暮溶溶散客愁。

清明上陵回值風

佳節纔臨日已斜，平埃風動即塵沙。衹餘歸鳥迷芳樹，無復游人怨落花。客路不堪催晚照，都門應是隔天涯。層城百里行須盡，回首青山自物華。

送張樂山爲太谷尹

工曹共事忽相逢，紫闕追陪義氣雄。送别自傷秋草碧，此行猶喜晚花紅。山人質野堯風在，循吏端方漢史同。去後定知多异政，贈君應恐信難通。

送趙龍山出爲長安尹

蚤歲承恩趨寶殿，新秋持節赴長安。三千驛路函關惡，百二山城陜塞寬。异政争傳周太史，休徵不羡漢郎官。他年聖主思賢佐，鳳詔西馳墨未乾。

送沈柳川爲常熟尹

曉色沉沉閬苑東，天涯送汝恨無窮。喜看匹馬寒嘶露，愁聽飛鴻夜過空。紅日白雲還北望，青山緑水向南通。吴中風物稱賢達，更遇循良化已崇。

送黄亦齋爲蘭溪尹

渺渺天涯何所之？高才名縣兩相宜。百年壽域無戎馬，十里仙臺産玉芝。此去英聲傳海岱，到來音信下江湄。明時共事星霜久，别後思君衹自知。

憶常州韓漁洲

楓葉蕭條下翠檐，思君無奈水瀸瀸。心隨明月三江到，病逐秋風五夜添。馳去遠書鴻翅健，寄來新筆鼠鬚尖。長途會汝知何地？幾度春光世事淹。

游功德寺

野寺禪扉客到稀，水光山色兩依依。雨餘天籟聞霄漢，日轉仙宫近翠微。沃野白雲看鶴至，空壇清梵知僧歸。石林風景晴無限，獨恨春殘花已飛。

送鄭敬庵使四川

海宇劬勞濟世功，塵沙萬里去難同。天連劍閣晴猶雨，地圻巴江暖亦風。鳥迹平看復道滿，龍宫近與細泉通。别來更憶嚴城會，佇待旌旄碧落中。

送李悟情[1]道士南游

仙城秋色見花稀，風物蕭蕭客欲歸。黄鶴自隨滄海去，白雲應與洞庭違。斷山殘月琴音在，碧落長鴻劍氣飛。一泛孤舟江路遠，紫霞清瀨可相依。

送楊南溪爲平原尹

一曲離歌萬種愁，柳陰深處暫停舟。白雲渺渺滄江棹，黄葉蕭蕭玉露秋。居傍魯僑賢聖地，心懸故里帝王州。荒臺氣迴滄溟合，碧澗遥通潞水流。

送蔡天章河南巡按

歸客南行王事艱，兩年重見别龍顔。匣開羽劍雙鈎細，轡緩金羈匹馬斑。揺落旗旄光漢節，喧填簫鼓下燕關。别君更有傷春意，柳色陰陰俱未攀。

---

① “情”目録作“清”。

題會仙岩

曉來天籟發山岑，鳳曲悠悠花霧深。夾日璇房常五色，侵雲綺樹亦千尋。步虛驗見仙人履，擣練聲聞玉女砧。欲傍青林結户牖，半分明月滌塵心。

再游功德寺

欲訪花宫今幾年？松岩風色已蒼然。青苔凈掃雲痕斷，緑水遥分海氣連。竹圃荒凉清鶴夢，石床幽寂定僧禪。金庭自昔無餘術，轉却憂思便説仙。

長門怨

颯颯長風緑樹秋，烟花寂寂禁城幽。流螢夜度芙蓉閣，明月朝懸鳷鵲樓。綉服餘香思舊寵，蛾眉殘黛起新愁。年來自有昭陽怨，屈指應同鴛侣游。

送邵盧山之濟寧

燕山杯酒暫留連，海岳閑居試濟川。野外故人天上使，柳陰春水夕陽船。百年貢篚東南給，萬國衣冠西北還。二載共游知子志，且看雲露著輕鞭。

萬壑泉聲入魯瀕，天光和氣轉相親。居臨渚岸琴書潤，雨過山城草木新。錦綺雲屏開白晝，銀河月窟照青春。幽姿疏影俱成態，獨對風花自得真。

擬元宵宮詞

天光明凈氣冲融，簫鼓歡嘩内外同。燭列雲屏星個個，香焚寶殿霧濛濛。中官倚扇開雲雉，宮女凝妝翻錦鴻。歌舞催殘清夜月，東方隱隱日將紅。

送張繼齋爲益都尹

匹馬蕭蕭汶上途，霽華風景絶塵污。暝雲滄海畫濃淡，隔水蓬萊夢有無？郡府高城斜落日，荒原平野入青蕪。即看玄思凝王道，未擬丹心衹伯圖。

春日早朝

帝梧清禁漏聲殘，灰律條風次第看。陛衛纓紳趨鳳闕，蓬萊鐘磬下雲端。香浮玉葉天顔近，瑞藹金莖露掌寒。拭目光華今數載，荷恩雖易報恩難。

季夏去都道中作[①]

遠別長安日未曦，野花春樹兩相隨。攀鱗玉佩聞青瑣，化鶴仙臺見紫芝。晴景半含雲徑閣，驚湍曲抱海門祠。風塵驛路行應遠，回首蒼茫動旅思。

秋日經行分水館

花宮春意去如何？黄菊白蘋更可過。日落衡門秋水合，烟消津樹暮山多。邊淮雨色寒人骨，近夜潮聲響棹歌。醉卧雲林無别事，不知鄉路隔江河。

濟寧道中有感

颯颯秋風萬物哀，竹林清景獨徘徊。汶陽古渡空流水，落日寒山半草萊。粉堞啼猿雲路斷，翠華秋月海門來。烟霞寂寞重城遠，薄暮悠悠過魯臺。

---

① 嘉靖《河間府志》卷一録此詩，題作“舟次天津”。（日本國立國會圖書館藏本，下同）

雨中渡江

嚴城秋色起悲思，露浥平川楊柳垂。望斷白雲歸嶺堞，慢隨青雀下江湄。百年身世甘螻蟻，六國山河自弈棋。寒磬一聲烟寺渺，蒹葭風動水漪漪。

夜至常州

川源月色與秋宜，白露瀟瀟野鶴悲。千里離家心未灰，十年憂國鬢成絲。疆場玉壘風吹幔，海渥樓船夜泊旗。獨想孤帆向平楚，可能一出静江湄？

暮春入南都

駿馬鞭垂青石沙，五雲遥指萬人家。仙城春色來天上，帝座晴光向日斜。緑岸行舟聞折柳，紅樓疏箔暗飛花。故園風景吹應盡，欲向江頭自泛槎。

京口驛發舟

曉色催人到客邊，翠華深處挂長川。層樓短堞晨吹角，野岸平沙夜泊船。地轉龍池開綉藻，天空鶴馭蕩雲烟。玉山遥望石梁斷，目送嵐氛自往還。

獨坐偶書

西郊日日水浮橋，鸛鶴紛紛下碧霄。翠嶼烟中常带雨，華池海上盡爲潮。玉壺驚颯來猶壯，寶篆團熏半已消。吟罷從容觀月窟，五雲隱隱聽簫韶。

漣漪亭稿卷第八

七言律詩

從軍怨

千岩烽火到邊頭，遠戍平沙萬里愁。青海長雲胡地暗，玉門黄葉漢家秋。霜蕭獵馬兵還塞，月滿關山人倚樓。却恨朱顔甘薄命，朝朝空對楚江流。

山　居

高峰奇絶爽無塵，竹樹回環鳥雀馴。近接星河臨曉曙，低垂雲雨隔秋旻。寒松偃側石潭古，法洞清虚澗閣新。薄霧輕烟明欲斂，不妨游目到江瀕。

渡江

平看澄練下銀河，漂轉行舟欲放歌。山足秋風黃葉早，地空流水白蘋多。高雲野鶴投寒嶼，遠渥江豚起暮波，渡盡清瀏寒瀨發，驚湍明月兩相摩。

京口驛聞笛

烟霞浪迹苦相留，清響泠泠到客舟。聽斷鸞聲雲外落，調翻龍奏海中浮。玉屏山裂寒生籟，澄練江空晚自流。凉月蕭然逸興發，曲終不見使人愁。

夏夜舟行訪友

盛夏和光此日長，暫留歡賞到林塘。月臨西極千門静，花發南風兩岸香。遠岫微茫分采石，平川繚繞度青楊。謾游莫惜舟行緩，咫尺須應是杜郎。

秋至南都

晚泊江頭望翠樓，柳塘花徑可凝眸。玉華仙界溶溶浪，金餅天香灩灩秋。鳳渚輕烟迷楚澤，龍山佳氣接燕幽。平川斷岸豪游地，雲影波光兩未收。

望新月

小亭獨坐夕陽昏，點點花團有露痕。莫聽歸鴻經楚澤，且看新月到吴門。白雲寂與幽人并，緑酒香和老桂吞。對景適然清嘯發，栖鴉驚散百花村。

題吴王墓

薄暮鐘聲響禁中，吴王歡樂美人同。東峰莫上娃宫日，北岸長吹閶闔風。瓊樓遠映山蒼翠，玉殿低垂花粉紅。伯業已成何處去？空餘青冢叫秋鴻。

虎　丘

名山近日到來頻，積石寒泉共有神。復道樓臺曾駐馬，中流簫鼓幾留賓。青松影落吴江曙，紫閣光含御苑春。絶頂白雲無定在，時隨黄鶴下通津。

江上題張氏故樓

高人往事成今古，遺舍荒臺近渚塘。榱棟蕭條長葉暗，軒窗零落野花香。三千珠履空明月，十二闌干送夕陽。惟有宅邊江水合，朝朝漁父歌滄浪。

楓橋觀運船行呈監兑陳玉山

平江春水下南峰，嬈嬈風帆百萬重。却賴調亭煩奉使，共聞中正出司農。救時劉晏催還恤，憂國蕭何儲自供。況是閭閻零落極，高明言論可從容？

送王淯南遷陝西憲副二首

傾蓋毗陵已暮鐘，相逢一飲即相從。高岡雨過嘶驄馬，空洞雲連驅白龍。竹葉慢催江月曉，木蘭齊泛海濤洶。不堪异路同回首，腸斷秦關百二峰。

銀屋波光可問津？江亭渺渺不生塵。西風落木人分楚，暖日晴山客入秦。豺虎莫窺關塞險，麒麟曾列漢庭臣。才華自足名多士，功業何須讓古人！

姑蘇雨後懷古

雨過林花積漸深，山城春色減層陰。白龍洞口腥初散，烏鵲橋邊影半沉。練水平臺曾駐輦，娃宮荒徑有遺簪。他鄉异域今三載，春意寒暉慣在心。

元旦偶書

旭日遲遲上翠闌，東南民俗暫相觀。瀛城地僻音傳少，楚國江深夢亦難。渚雁乍回雲路遠，岩梅欲放山梁寒。愁多强作湖山興，慮把陽和拭泪看。

吴江學舍偶書

喬林爽氣厲秋聲，夜漏催殘夢不成。遥望紫微瞻鳳闕，悶隨明月出江城。高橋極浦寒烟静，寶塔長空色界清。吏隱吴門應未久，慢將溪沼濯塵纓。

吴江偶會邊雲莊

同入嚴城謁禁墀，别來風雨動離悲。燕門載酒人還遇，震澤回舟我不知。對水看山渾夜夢，逢君話舊緩歸思。白雲江上孤帆遠，來往相隨定有時。

吴江憶家音不至

异路年來漸覺非，雲山渺渺不曾歸。舟從楚澤移南浦，家在瀛城近夕暉。獨鶴未回空草緑，名園無主盡花飛。愁將舟楫滄江泛，謾把棋兵對客圍。

吴江書院寫懷

閑觀斜日下層林，無限鴉聲向夕陰。萬里風光催短褐，三秋月色動寒砧。思家夢寐空千里，報國勤渠有寸心。寂寞前軒看北斗，閑雲野水自沉沉。

七言排律

送韓槐軒之雲中

西邊北塞今無事，戍卒猖狂敢效尤。方鎮乍驚唐節度，苗民終解舜文謀。懸知叛蕩法當滅，可奈憑凌勢未收？氣壓關山風雪厲，勢連河漢雨雲愁。邊臣走檄思分閫，戰士脱巾欲唱籌。不共戴天知爾志，獨當一面更何求！天涯玉節國輕重，峻坂金車自去留。鼓角凄凉沙漠地，烟雲慘淡雁門秋。縱横水入雲中浦，重叠山圍廣野州。拔動星文携寶劍，潜消氛祲奠金甌。源源饋餉同蕭相，赫赫王靈破楚囚。志在復仇安社稷，不因兵退可封侯。

渡口阻風[1]

熒熒龍電來雲際，颯颯河流入涸濛。絶壁寒光殘落日，黄沙暝色厲高風。巨鰲一鼓三天蔽，野馬群游六合同。岸渚陰濃連夜旦，河橋霧合暗西東。波翻楚水江流急，霜白燕關驛路窮。雷焞殷殷磯石裂，颸旗燁燁蒼冥空。層崖月黑哀猿泣，絶塞烟紛鷙鳥雄。浪涌潮痕飛宿雨，山摧梁木轉飄蓬。瀑潭小艇隨流蕩，遠渥孤征自杳濛。直上鷩湍三百里，擬涉瞿塘灧預中。

送陳公從南歸

曉陪使節近河流，祖道橋邊飲復酬。歸雁影斜明月浦，哀猿聲斷紫微樓。松篁渡口春先見，雲霧溪前晚未收。花徑露晞香濺佩，柳塘風動緑縈舟。丹崖駐景垂青蔓，玉楫埋雲起白鷗。故國風聲來水面，新春天色到江頭。當窗烟雨隨鄉夢，隔岸笙歌散客愁。鳳渚暫聞沙燕語，龍山初伴野蟬幽。行探古史雕龍篆，未壓丹丘化鶴謀。素履高仁留郡府，鄉評野史達君侯。滔滔漢水回仙棹，赫赫王門拜冕旒。

① 嘉靖《河間府志》卷二録此詩，題作“静海阻風”。

菊 花

天净山花留晚翠，堂開別圃近高丘。種移河洛閑三徑，姿帶冰霜耀五樓。榮謝烟霞鍾碧岫，盈虛歲月轉芳幽。迹殊園李倉遑去，盛逐江梅次第收。星散迴涵雲閣静，珠懸分照玉壺秋。環枝翠羽纖纖映，出葉金錢密密留。綺石清光纔泛夜，琅編碎影亂侵眸。霜臺鸞鳳回苞彩，娃館娸娗綴粉球。得令遠含松桂色，登高聊瀉桑榆愁。那堪鼎鼐恒調液，會值壺觴自泛浮！安得南陽叢下水，一巵益壽三千周！

漣漪亭稿卷第九

五言絶句

送鄭海亭之無錫四首

异路行應顧，離筵飲復酬。霜摧殘葉下，落落兩生愁。

佳期難會遇，歲月易推遷。知有相逢日，恐非今少年。

丹心識節義，白首見交情。闌外冰兼水，贈君公與清。

去國四千里，相期三兩年。天涯不可見，明月往來還。

塞上曲

杖劍出門去，横行抵海隅。賀蘭賊營壘，音信不相須。

石公山

曲徑莽荆棘，平原雜草萊。山空人不見，夜夜猿聲哀。

塞上曲

牧馬嘶春草，高城對夕暉。悲笳三兩弄，出獵未曾歸。

山　居

卜築寒峰下，波光向我開。知君欲尋訪，應待月時來。

江　上

野寺秋江上，孤燈夜雨聲。偶逢無一語，相對各含情。

待　月

賞花青雀舫，對酒白蓮池。玉山夾兩岸，明月到來遲。

小　舟

碧潭澄見底，舟小不生塵。試問何方去？游塘有故人。

晚　舟

竹橋秋水泛，花岸晚風微。宴餘新月上，醉客未曾歸。

雨　霽

溧溧雨初晴，蕭蕭風欲鳴。休教入高樹，慮作斷腸聲。

寒　峰

岩花衰變昔，江樹晚成空。惟餘暮山在，相伴白雲中。

隱　居

悠悠麋鹿群，蕩蕩明光殿。行藏各有適，意味寧相見？

秋夜懷友二首

愁深歸客杳，夜夢驚啼鳥。舟輕江水急，去路知多少？

柔心足遠思，路藐去無奈。寡眠人不知，多病爲君害。

水　亭

峰高東島石，花滿南溪水。漣漪開闔亭，日日白雲纍。

道　院

官居苦軒冕，農居苦耕耜。始知風月懷，屬此方外士。

山　中

花妓迎前圃，鶯歌引上清。石泉斜半落，飛作管弦聲。

岩雪

疊嶺梅初發，前塘雪漸深。山空人迹少，縹緲露寒峰。

秋雨

長風昏颯颯，涼雨夜瀟瀟。聲催寒雁起，一一上雲霄。

秋江

雲門山色遠，花島鳥音歇。江空寒瀨發，飛波弄明月。

落花

思君别已久，愁外落花多。花開心已惻，花落寧如何？

題高户侯出師圖

入虜射秋毫，屯兵奪錦袍。汗蹄飛駿馬，血迹染弓刀。

送曹東湖北上

君來何草草？君去傷懷抱。來去無定時，憂喜吾堪老。

宜興阻公務望張公洞四首

僻地無華居，暫泊溪頭署。溪頭近南峰，咫尺或可去。

花繞南峰路，水繞南峰澤。暫欲上南峰，南峰望中隔。

不見南山屋，但見南山竹。可恨北來雲，遮吾南望目。

不見南山洞，且觀南山雲。洞遠不可測，雲自洞中分。

七言絶句

閨 怨

胡兵驅馬度春山，夫戍邊城遠未還。昨夜王師下汾水，知今應過玉門關。

塞下曲

日暮秋聲入鼓鼙，紅旗夜戰戍城西。血流野水從軍飲，骨掩青沙踐馬蹄。

冬日游西山作

白石峰頭百尺泉，洞門寂寂鎖寒烟。爐空灰冷無人問，疑有元明化鶴仙。

擬古宮詞二首

帳掩雲屏日已昏，錦袍曾沐帝王恩。一朝寵歇朱顔減，寂寞椒房拭泪痕。

宮柳方新别上皇，至今消息兩茫茫。妾心願托瑶琴曲，散入春風徹建章。

送曾頴坡浙江監兑三首

貞松勁柏曉霜殘，寥落風烟入座寒。玉節銀章天上使，吴山楚水鏡中看。

鴻冥漠漠眼前空，偃蹇風霜二載同。玉蕊瓊英愁不已，程途半在雪花中。

臘月河流凍未開，使君車馬未曾回。緑陰黄鳥多情意，點却春光待汝來。

公子行

十二層樓漢將家，曉來走馬競繁華。看花貴里春方艷，挾彈嚴城日已斜。

送董東莊之南昌三首

山光重叠暗蒼苔，薄暮黄塵匹馬來。雲水自來還自去，不知今去幾時回?

燕南楚北水茫茫，野岸風沙道路長。惟有渡傍花柳色，殷勤送子到滕王。

絶壁斜陽半未真，山亭寂寞送離人。烟林樹色傷心暮，水岸花光滿意春。

春　游

日暖沙明出帝京，江邊走馬踏花行。青山碧水常愁暮，芳草垂楊不計程。

晚　渡

歸航夜渡芙蓉溪，漂泊無端去路迷。忽有高峰標海月，輝光直下五陵西。

閨　怨

野花飛盡楚江流，簾捲秋風獨倚樓。路遠關山人不見，夕陽笛裏一聲愁。

游洞庭山

七十二峰山自高，五湖秋水泛洪濤。扁舟明月忽然到，懶向人間說碧桃。

聞　簫

金碧凉深近月臺，森森樓閣杳塵埃。吹簫道士真瀟灑，惹得青鸞兩次來。

觀　海

風斂長松海氣凝，紫霞秋月上孤崚。冰壺一色無塵染，百尺闌干獨自憑。

七　夕

十二樓頭夜未央，百鴉飛過紫霞傍。仙人慢奏霓裳曲，浪滿銀河水不妨。

題古山水圖

隱隱潮聲去未歸，蕭蕭征雁晚猶飛。漁翁自向江頭宿，不管平吴是與非。

白龍祠

神母仙游朝帝闕，神孫遺迹傍空山。昨宵霧靄來天際，一夜風雷雲海間。

春　園

春風蕩蕩柳條稀，西海西頭人未歸。獨坐小園鶯未語，閑雲芳草共斜暉。

秋夜聞鶴

白石岩前老鶴鳴，西風秋雨夢中聽。幽懷凉夜誰堪汝，况值天涯逆旅情！

觀　雪

共觀天女散飛瓊，漫漫瑶階砌不平。海鶴夜來風霧迴，仙禽錯擬是蓬瀛。

憶 舊

花萼明明錦綉園，暖雲深處紫霞飛。空庭月色渾如晝，夢遠瀛洲歸未歸？

遠 别

春水橋邊匹馬過，落花風景暗離歌。鶯聲不解游人恨，一過河源聽漸多。

六言

春

緑水盡流溪澗，碧桃半吐英華。悶後花間步月，飢來岩上餐霞。

夏

雨脚初收烟寺，雲痕盡斂花天。羽扇瑶琴月下，芒鞋竹杖山前。

秋

萬木風摧葉落，數枝露濕花開。繞澗水流溪洞，采芝人去雲隈。

冬

高下雪深溪徑，横斜梅簇園林。沽酒庭前對酌，携琴松下相尋。

四 皓

鹿失群雄并逐，鴻冥弋者何思？試問漢庭風味，何如岩畔茹芝？

秋 夜

凉夜蕭蕭月迴，銀河漾漾星流。遠岫巃嵸自在，閑雲來往何求？

舟中偶書

水色雲光上下，夕陽帆影交加。湖海有時戀闕，關山何處爲家?

山　寺

野曠多風多露，岩深無夏無冬。下界水雲迷徑，中天僧梵鳴鐘。

擬元宵宫詞

春輦遥分紫殿，象犀戲舞瑶池。火樹銀花亂吐，内人玉管横吹。

賦

士行道賦送冉季周爲西安縣尹

皇緝熙而嚴畏兮，厚帝德而能時。舉賢者而授之柄兮，眷遐方而牧之。獲遇主以明志兮，將次第而疇咨。崇文德而豹變兮，宜厚積而詳施。知王膏之未屯兮，當世道之咸寧。運神謨于法宮兮，充賢才于下庭。彼讒人之既遠兮，惟聖哲之丁寧。騁騏驥于道周兮，何駑類之能駉？居瑶臺而思永兮，睟虎視之眈眈。闢閶闔而觀風兮，慕大化之諳諳。哀晨光之易盡兮，將治任而嚴驂。修民則之端方兮，達斯道于東南。卜吉日而南征兮，路修遠而周行。飾旌儀之渥彩兮，拂冰鍔之鏘鏘。拱軒輿之雄虹兮，昭素絲之雲裳。雜簫鼓與安歌兮，沛吾樂之泱泱。朝驅車于嚴城兮，夕泊舟于滄浪。瞻盛地于天表兮，與春華而徜徉。觀浴日于咸池兮，渺仙舟之微茫。窮淵澤于昆侖兮，浮玉水之汪洋。立九嶷而夭矯兮，或翱翔于高岡。窮南圖之浩蕩兮，翀鵬翮而頡頏。俯江湄而延視兮，藹蒼生之如林。趨重帷而環布兮，咸望切而求深。儘廣游兮遠覽兮，聊以致乎夙心。居樂土之坦夷兮，播三代之遺音。唐虞興而類應兮，謂稷皋其能同。禮樂昭以紛紜兮，颯仁義之休風。思陳見以裨化兮，亦明目而達聰。將盡言以直遂兮，知役志之爲忠。化遇以爲明兮，變啬以爲豐。爰居崇而聽卑兮，睹康樂之冲融。泯窮達于度外兮，獨斯民之可親。懷意見之夷猶兮，喜踐履之爲真。彼幽人之不遂兮，徒致力于斯文。雖天性之可求兮，與鳥獸而同群。思明良之難遇兮，懼時運之易失也。重君恩之九鼎兮，亦臣節之當恤也。指金石以矢心兮，恐忠義之難卒也。欲委身以相同兮，庶名實之可必也。

螢[1]賦

稟太極之神景，竊雲物之光華。綴瑶枝于危峰，耀神丹于青霞。冥冥非僻，爗爗非誇。烟氛艷爛，水石交加。曖昧争欻，仿佛明葩。挺化生于腐草，忽聚散于浮沙。錯珠纏之耿耿，萃蛟色之孔嘉。回飆紛錯而蒙晷兮，朱明鬱遂而駢馳。星橋南征而疏列兮，曜靈西墜而貤貤。萬羽翺翔而忬歸兮，咸倦游而藏熹。容麗矯翼而來往兮，試瞑曠而追隨。于是曳華文，被輕綺。嘻高風，陟遐邇。舉弱質于層阿，焕群飛于北里。促輕軀以長逝，振雙翮以披靡。希蟬蜕于風亭，慕鸞飛于天紀。至若群游未極，長夜尚漫。天漢昭回，流星已燦。仰岑壁之遺芳兮，森緑桐之垂幹。突姣麗以輕赴兮，忽飄飆而中散。繞金塘而湎演兮，拂碧石而流燦。憑太虚而逍遥兮，啓凌游之衎衎。礴衆芳以流褎兮，煜丹英以爲衣。鑒殊色以繽紛兮，彰瑶珂以發微。滌平渠以廣衍兮，似形影以相依。恣悄慧以參差兮，倚游蕩而揚輝。創假席而集帷兮，乃飄忽之所睎。媚顔灼以明姿兮，知昏是而晨非。舍鷗澤之歡逸兮，斥螽羽之丁寧。效隼集以自潔兮，亦蜂息而暫停。慚稻粱而不顧兮，奚蠅類之餘腥？抱皎志以終藏兮，何鶉鷃之冥冥！若夫御苑崎

① “螢”本誤“營”，據目録改。

嶇，朱宫玲瓏。金輿旋繞，瑞靄迴通。臨紫庭之縹緲，駭洞房之寵嵸。爾其婉孌微明，韡曄静影。巡瓊室以優游，登崇臺而獨省。始翹首以深入，終比翼而遐騁。豈愛利而捐身？亦投閑而置散。遠長羅之逼逐，幸高繳之寛緩。杳雲路而瞻陪，超烟霞而中坦。訝陽暉而遁迹，凌月景而侃侃。望西極而遥逝，忽不知其所舛。其或陰陽交烈，萬物相摧。長夜時其浩渺兮，雲詰屈而交回。氣蕭蕭而寒溧兮，雨沉沉而下隤。爾乃飄飄寂寂，熄熄熒熒。會群動之暫息，昭竛竮之潛形。佻靈彩于高閣，揚燓翊于中庭。于是永言增嘆，感物傷心。覞天漢之玄漠兮，皦幽思于長林。哀所生之倏忽兮，苦何求而相尋？譬之玉貌晨寂，長門永弃。妒寵争妍，群猜衆忌。惛暗漏之未開兮，飾容顔而自治。甘零娉之蕭條兮，詎窮達之可异？釋遥遼之闊度兮，懷貞一之遺志。嬉恬淡而永忘兮，耿吾心之不寐。又如勁直自异，狷介無與，遁迹常明，孤高自許。悼余生之不造兮，庶明哲之在即。怵遭閉而遠隱兮，豈孤芳之可匿？委天命以自怡兮，堅吾節之不息。雖所遇之暫違兮，超千載而遺德。嗟彼華羽，履幽乘危。飲食弗營，其他何爲？音響弗傳，其見何悲？炫昭明之可測兮，又何游乎隱微！豈天真之内運兮，貫始終而常輝！永昏夜而目擊兮，思達曙而未歸。咏清風以慷慨兮，尚有感于采薇。

漣漪亭稿卷第十

連珠

擬連珠五十首

臣聞赤霄飛景，斂越砥而斷犀；電影青莖，飾金鏃而没羽。是以至德莫要于中正，聖學宜謹乎緝熙。

臣聞制軸含弘，故群形畢載；蒲昌蕩沃，故萬穴咸歸。是以玄微定慮，來忠益之思；恢廓黜聰，廣獻替之議。

臣聞赤璧連城，弗懸于市；夜光照乘，弗鬻于途。是以衡門不慑于權宫，畎畝自囂乎國聘。

臣聞鬱儀重光，不責無目；圭瑱瑞應，不責無指。是以言必因其可至，教當弛其所難。

臣聞熒臺灼石，起于纖火；赤岸懸流，發自微涓。是以積毁妨聰，遂成投杼；流言眩聽，僅賴開縢。

臣聞典冠進衣，而韓室兼擯其誤；佩刀進筆，而行本力悱其愆。是以圖大以侵職爲伎，責躬以貪得爲嫌。

臣聞投竿涪水，罔辭其濡；即鹿長林，靡慴其趨。是以和民用而日昃食，懷古確而待旦至。

臣聞璞玉奇珍，不厭其厚；延平利刃，不厭其薄。是以錫馬來賢，必慬乎蕃庶之禮；高牙去亂，必嚴乎摧廓之神。

臣聞流珠浮箭，靡失其平；玄錫調金，罔疑其照。是以無心者公，無私者燭。公大則明通，思睿則聖作。

臣聞顛足之蹷，必托之蛩。比翼之禽，必假之偶。是以寓芝蘭者，資馨香之益；亡藥石者，萌腹心之憂。

臣聞五音之調，弗離于宮；五色之形，弗先于素。是以務遠施者，必善其本；虚中藏者，恒亡其枝。

臣聞絶鴻斷玉，非利器不能；躡景絶塵，非良驥不可。是以周祚當興乎釣渭，商師必待夫耕莘。

臣聞險夫佞言，捷于矛戟；哲婦利口，逾于鴞鴟。是以喋喋當懲乎漢始，唯唯必陷于桀亡。

臣聞鮫革犀兕，尚殆于飄風；汝潁鄧林，卒夷于振槁。是以德盛者響應于玄黄，義黜者風靡于縞素。

臣聞庖丁非理，何以造盡技之能？輪扁非心，何以希盡数之巧？是以善制事者，操應物之機；善治人者，廣存神之用。

臣聞惡木千尋，不如一櫝；鷙鳥纍百，不如一鶚。是以淮謀終寢于黯直，蕭相獨追乎信亡。

臣聞眇者病明，可使爲準；傴者病體，可用爲塗。是以千金微瑕，終收冠玉；二卵寸朽，不弃干城。

臣聞烏鵲有巢，不如鳩拙；騰蛇無足，愈于鼠窮。是以積深者無爲而治，持衆者無技而容。

臣聞驪龍藏珠，可以探頷；梁象褎齒，必至焚身。是以尚德囿民者，弗撓其欲；懷利悖入者，莫持其盈。

臣聞輔國嚴城，崩于穴鼠；防流斷岸，潰于封螻。是以惡類持台，善人側目；孔任剥膚，智者殷憂。

臣聞芳餌微論，不如結網；烏號綦衛，何若垂罼？是以作士必先乎學校，建官貴廣乎賢科。

臣聞驅蠀捕蚤，功乃愈滅；以湯沃沸，亂乃愈生。是以大禹焚兵，而玉帛者至；武王藏甲，而疑异斯歸。

臣聞咸池承雲，虎豹聞而遠去；錦文綉袂，鸞鶴見而驚藏。是以玉堂乃逸民之鯱甂，軒冕爲巢父之桎梏。

臣聞魯掖宋章，國殊其用；越軒胡冕，用乖其方。是以設教防淫，不逆其俗；垂情御物，不拂其常。

臣聞針石糈菅，均于利病；戈矛犬馬，同于却敵。是以仁義者備道之術，剛柔者執德之柄。

臣聞胡人彈骨，而紛錯以定；越人契臂，而應用不渝。是以信重斯民之立，戒嚴虞人之期。

臣聞顯藏于微，孰測其始？明匿于幽，孰發其幾？是以紂爲象箸而箕子泣，魯以偶葬而孔氏悲。

臣聞鶉尾垂竹，非弦弧而莫射；越舲蜀艇，非坎流而不浮。是以袗衣方窮，而里閭莫化；箪瓢嗇位，而膏澤惟屯。

臣聞搏激之澤，其潤不永；踊躍之金，其形不多。是以養深始可以緝治，幸會不可以頻仍。

臣聞六尺之輿，可以合天下之轍；五寸之矩，可以盡天下之方。是以隋文務博而傳食，黄帝守約而垂裳。

臣聞御侯遺風，則世無馳驅之益；配懷西施，則終鮮伉儷之求。是以善程才者，恒器使于兼收；慕前聞者，徒掮髀于遐想。

臣聞鸛羽流喈，不變于隆寒；蘭芷垂馨，不移于僻壤。是以武象掉羽，而至德不遷；廣澤山峽，而形神不瘁。

臣聞連璧焞光，而覆盆遺照；屏翳結潤，而獨塊無滋。是以商網三驅，而息心前去；玉門西閉，而絶意窮荒。

臣聞風門蕭瑟，而麋鹿不處其原；帝臺靈澄，而蛟龍不游其涘。是以務恢恢者，廣來民之獸壙；事察察者，樹駭衆之鸇叢。

臣聞驅車周行，利于小蹄；瘠形痼疾，加于小瘳。是以兵没汶陽而齊始霸，地兼三晋而智伯傾。

臣聞攀柩而哀，引輴者止；行歌而戚，竊聽者悲。何則？聲同則應，表正則從。是以責化必嚴乎身教，立治宜謹乎德風。

臣聞藻稅文榱，支傾而室殆；青梧朱露，根易而末摧。是以厚下敦安宅之地，固本昭康國之資。

臣聞嗞缺羸文，易于眩目；闊解漏越，病于妨真。是以知人雖聖，亦患官人。惟帝其難。

臣聞晶熒玓瓅，生于蠬蜄；龍輔昭華，産于垢石。是以傅岩者，大旱之潛龍；歷山者，千仞之翔鳳。

臣聞濛鴻皓旰，非管測之可求；豎亥廣輪，非尺步之可盡。是以渾渾之君，其民無稱；皎皎之主，其譽彌彰。

臣聞鹿臺蒼璧，必付良工；濰渙霜蠶，豈容學製？是以托孤之佐，在難其人；傳祚之君，不輕其柄。

臣聞蕭丘常燃，不珍于杯水；凌雲驟厲，無益于短褐。是以謐亂須絶德之賢，廣仁宜大賚之富。

臣聞海鳥至而飄風應期，石鼓鳴而滂沱病稼。是以妖祥者，禍福之胎；恐懼者，修禳之本。

臣聞皇英之配，可以觀德；任姒之賢，可以觀化。是以當《歸妹》者，陳女圖以自鑒；正《家人》者，顧女史而隆師。

臣聞蜀桐遺響，异于群才；浮磬成聲，別于衆石。是以德峻昭光格之本，文純宰令聞之樞。

臣聞寸雲嗽霧，每損質于光風；檜雪壺冰，恒解陰于靈照。是以四罪莫遺于濬哲，多文不假于寬仁。

臣聞法作象刑，齊民于道；殘貽炮烙，墜人于淵。是以臯吕明刑以弼教，于張決獄于無冤。

臣聞金錯垂照，達于中庭；季吾貽光，明于幽室。是以玄堂軫慮于遐表，鎖闈考制于皇風。

臣聞奔馬在途，委轡無濟；痤疽剥膚，礦石爲急。是以嚴罰立而黨惡懲，國赦施而善人殆。

臣聞香勃符陽，非蒼岑之能制；湍激灩預，非微撮之能防。是以極深者必效于平成，圖大者不尼于伯顯。

漣漪亭佚文

漣漪亭佚文卷第一

高麗城①

僻地城門啓，空林雉堞長。水明留晚照，沙暗燭星光。疊鼓連雲起，新花拂地妝。忽然朝市變，無復管弦鏘。荆棘黄埃裏，蒿蓬古道傍。輕塵埋翡翠，荒壟上牛羊。無奈當年事，秋聲肅雁行。

宿水月寺②

黄葉親來鳥，清瀕儼去鷗。地從林氏闢，詩自冉公留。

① 見嘉靖《河間府志》卷三。

② 見嘉靖《河間府志》卷三。

疊岸雲爲障，荒原氣作秋。落花亭北面，歸客海西頭。舊樹懸藤老，鳴泉飛鶴幽。晚霞聞笛唱，瀟灑近清流。

修城記上燕太守[①]

瀛州畿輔地，南北古通津。版築荒城舊，如何世代因？歲時經風雨，傾頽未厭頻。久安奚足恃？征役莫容身。磚甃誰能創？畏難屢逡巡。浩蕩天開運，崔巍岳降神。堯都來雋彦，五馬樂行春。首建修城策，籌畫向縉紳。輸資惟公帑，辨材更宜民。遠近争趨事，群然喜濟貧。簡閲時鼓舞，元功不日新。已豫北門略，還施晋陽仁。股肱雄屏翰，心膂仰經綸。太平真有象，永賴固無倫。當代循良盛，名公第一人。佇看承寵擢，勛業上麒麟。

上疏言灾傷事[②]

據巡撫保定都御史劉夔等題稱，地方重大水患灾傷，及直隸鳳陽等府、邳州等州、溧水等縣、營州中屯等衛，各題稱重大水旱灾傷等因，通共九十四本，已蒙皇上敕下

---

① 見康熙《河間縣志》卷十二。（北京師範大學圖書館藏稀見方志叢刊，北京圖書館出版社，2007 年。下同）

② 見嘉靖《河間府志》卷十。時爲嘉靖十七年八月初四日。奉旨："該部題覆准行。"

户部，其應徵税糧，將蒙有蠲免之惠矣。臣請以蠲免之政言之，且蠲免之説，古已行之，即《周禮》“荒政”所謂“散利”“薄征”之謂也，其後代有行之，而我國家尤致意焉。但古今蠲免之政，稍有不相同者。古之所行者，核免之惠也；今之所行者，通融之澤也。何謂之核免？如灾及一分，則蠲一分之税；灾及二分，則蠲二分之徵是也。何謂之通融？免其存留，而曲爲處補，改其本色，而多徵其折色是也。建議者每有起運并免之説，而該部題覆，未有能盡行之者。夫豈無其故歟？蓋以古者三年耕，則有一年之食；九年耕，則有三年之食。而今則無其食矣。古者歲用所出，隨時損益，而二簋之薄，亦可用享，而今則不可能矣。是以水旱雖廣，而四百萬之數，則不可少也；被灾雖深，而三分之徵，則不可缺也。奈何莅民之官，上迫于常賦之不可免，而下阻于民困之不可催也，每有緩徵與帶徵之説焉。所謂緩徵者，遲而勿急之謂也；所謂帶徵者，豐年并徵之謂也。有此二者，而後民命始病，國課始虧矣。蓋當秋田告成之時，雖被水旱，間有存者，及此時而徵之，猶可輸其一二，則從而緩之。及至民費已盡，借貸已還，然後慢令致期，而刑罰始加焉，民始不勝其困矣。所謂并徵者，幸遇豐年，已難爲并，復遇荒年，則其累愈深矣。是使所司慈祥之心，而終爲斯民陷阱之地也，豈不爲可惜哉？此則不當免者之弊有如此也。其當免者，則必待百姓告于有司，有司申于撫按，撫按必待各處報齊，方與奏聞，其日月之耽延，不暇計也。户部必待撫按奏到，方與題覆。其有司之所請，未遽信也。兼且道路遠近之不同，往來奔馳之不易，動經一二月者有之，四五月者有之，催責太急者，蓋已竭民之所有而斂之矣。雖有寬免，而欲其復還于百姓、更易其折色也，亦難矣。是使國家慈愛之澤，而終爲奸人利己之資也，豈不重可惜哉？此當免者之弊又如此也。且救荒之事，較他務尤急，處之不得其道，則流離困苦隨之矣。此蓋不可不爲之慮也。

伏望皇上施予出納工役禮文，乞行節減，外仍敕户部，凡遇各處奏到灾傷，速與題覆，仍轉行各處撫按等官，凡遇有司報到灾傷，即與奏處成灾分數，速與核實。有當免者，加意訪治，雖已徵斂，仍散于民，務使得蒙實惠。有不可免者，亦行徵納，勿貽後艱。其倉庫錢糧，必多方預處，廣積本色，以備方春賑救之具，庶乎灾傷可恤，而民命可復矣。

上疏言覃恩赦免事[①]

臣謹按大明律令，凡徒犯已至配者，例不許放還，衹因市板訛謬，流傳不一，故工部執以爲可許，刑部執以爲

① 見《明實録・明穆宗實録》卷十一，301—302 頁，上海書店，1982 年。时在隆慶元年八月辛卯，疏上，詔：“登極覃恩，與常不同，徒流人犯已至配所者，許放還。”

不可許。以法言之，則刑部當是無可疑者。第徒流著役之人，雖律令俱稱不宥，然律又有赦書臨時定罪名特免之文。則是國家立法之意，凡遇沾恩，若止傳旨肆赦，不別定罪名者，則當俱常赦不原之律，其餘自當別論。今皇上登極，覃恩既不止於傳旨肆赦，而臨時所定，又各條有罪名，豈可以常赦所限而拘之？且詔書所云，已發覺、未發覺、已結正、未結正者，罪無大小，咸赦除之。徒流著配之人，獨非已結正者乎？臣惟國家赦宥有法，所以立萬世之經，使人難犯；登極有赦，所以博曠蕩之恩，使人自新。今遵行明詔，而又膠柱於律令；奉揚殊典，而又掣時于常法。宜乎其執滯不通也。况上稽洪武，近及嘉靖年間，赦書往往于此輩有開釋者，亦未聞于律令背馳。其徒流之罪，例許折贖，此輩獨以無力故就胥靡。今僞印、發冢諸犯，罪不應折贖者，既蒙寬宥，而此輩獨已至配所，反不得一沾殊恩，恐非所以昭我皇上樂與天下更始之意。第事不歸一，故人持兩端。伏乞明示德音，布告中外，使奉法之吏，有所依守。

論將兵[①]

人皆可兵也，兵皆可用也。是不難于得兵，而難于得

---

① 見萬表《皇明經濟文録》卷十二《兵部》。（中國基本古籍庫明嘉靖刻本，下同）

將也。將得其人，則可以聯屬乎兵，而兵即我也，我即兵也。將非其人，則不能以聯屬乎兵，而兵自爲兵，將自爲將矣。所謂聯屬者，恩與威是也。有恩以結其心，有威以警其志。則三軍之衆，可使相應于左右手。恩不足以結其心，威不足以警其志，臨事之時，安保其不散亂而無統哉！奈何今之爲將官者，以賣放科索爲常態，而先以傷乎軍，是恩不足以結其心也。賣放科索之弊行，則人將制我，如之何其制人也？是威不足以警其志也，是宜其退敗而無績也。然則欲求賢將，而可以行其恩威者，亦在養其氣節，而存其羞惡之心可也。人有是心，而可以當大事、處大患，人無是心，亦何惡而不可以爲也？竊怪夫今之處武職者甚嚴，其待之也甚薄。爲武職者，亦必以諂諛存心，以足恭爲禮，以求自免于罪責，故雖憲臣公委之士，亦思抗禮于武職，而武職亦俯首而奉承之。其所以奉承者，兢兢然惟恐失吾管事之權，然後爲是卑屈耳。一管事之權，且不能捨，而欲其捨已之命以禦敵，天下寧有是理哉？故欲求將者，要在于包容慷慨之士，而遇之以禮，養其氣節，而使無失乎羞惡廉耻之心，然後豪杰之士出，而不汲汲于富貴，不汲汲于富貴，而可以行彼之恩威，恩威著而衆心服，此自然之理也。

論義勇[1]

天下有事，而兵不足其籌國者，莫不曰廣招義勇之人以應敵。所謂義勇者，皆田畝之驍悍者也，以驍悍之人，而使之日習乎兵革之事，必天下常亂而後可以無慮。一旦事已，而欲驅之田畝之中，豈能盡安于田畝哉？不能盡安于田畝，而日趨于危疑，則是欲治而反亂也。故用義勇者，莫若振作乎原額之兵。原額者，軍兵、民兵之謂也。其在府者，殆以萬計，而其在州邑者，亦不下千百之衆焉。是其爲數也多，其爲用也足，今捨是人而不用，而徒慕乎義勇之名，豈在義勇者皆可用，而在原額者固不可用也哉？亦在鼓舞之何如耳。然其不可用者，非真不可用也。以兵事廢弛，而不可用耳。苟選精鋭之人，以易其老弱，而補其逃移，又安知原額之不爲義勇也？有事之時，咸趨于職分，而無懈志；無事之時，亦不失吾之常業，而可無他虞。亦何憚而不爲耶？又况財既費于義勇，則食必乏于原兵，未免一舉而兩失矣。苟以召募之資，而爲額粮之用，亦可足兵而足食矣。所謂召募者，衰世之權宜，不得已而爲額外之[2]圖也。若天下不至于大亂，而原兵猶足以禦敵，則君

---

① 見萬表《皇明經濟文録》卷十二《兵部》。

② “之”字本殘，據張萱《西園聞見録》卷七十七引補。

子必[1]不忽于此矣。

論將權[2]

君所用者，將也。將所用者，兵也。天下之患，莫大乎君有不可使之將，而將有不可制之兵也。君之賞罰行于將，則君之權重，君之權重，而後將可使矣。將之賞罰行于兵，則將之權重，將之權重，而後兵可用矣。但君之賞罰可行于將，而不可行于兵。行于兵者，將之事也。夫既爲將之事，則凡君之所以行于將者，皆將之可以行于兵也。近者邊臣失事，不逾時而械繫于京，置之于莫大之法，而强悖小卒，固不問焉。夫不問者，非故不問之也。此乃爲將之事，而爲君者可以略矣。但今之爲將者，其望疏，其權輕，而繩墨約束，日制于上者甚急。且浮議易摇，訛言易聽，至使邊塞之間，卒無常主之將，以此見輕于士卒，而不能行其賞罰。君可以殺乎將矣，而爲將者卒無賞兵之資，是猶授人以羊，而奪其牧羊之具，安望其能成功哉？昔者，唐季之世，兵日驕悍，而上不知，及其後也，廢置主帥，而上亦不得不從之矣。是其藩鎮之禍，非起于將也，起于兵也。起于將之權輕，而不能以制乎兵也。自古善用

---

① “必”字本殘，據張萱《西園聞見録》卷七十七引補。

② 見萬表《皇明經濟文録》卷十二《兵部》。

兵者，莫過于漢之高祖，高祖之御將也，豁達大度，委任得人，雖曰天下之事，未及成功，而信越之徒，已極富貴。至在授兵數萬，而不禁其生殺；捐金與之，而不問其出入。雖韓信亦嘗謂其不善將兵而善將將，以此知高帝之所用心者，在于將，而爲將之事，帝不與也。夫君所御者將，將不過數人而已，將所御者兵，兵則至于千萬人焉。是將之所御者，殆難于君矣。知其難而不知所以處之之道，欲免唐季之禍，難矣哉！

論賞功①

嘗聞賞當功則人勸，罰當罪則人畏。近時邊士升職，惟以首級爲言，殊不知論功行賞，有非首級之所能盡者，不可不知也。彼兩軍對壘，而能衝鋒破敵以爲衆人之先，或虜方入寇而乃據險禦敵，以絶猖獗之勢，若是二者，固無首級之可言，而其功則有非首級之所能及也。但首級之功，有迹可憑，人莫欺焉。二者之功，無迹可稽，人可以僞而爲也。在上者知詐僞之當防，而有迹者之可核也。故一切歸之于首級，是使功之小者，不逾時而賞至，功之大者，賞固有所遺焉。賞其小者，而遺其大者，則人當知所擇矣。夫無所利而爲善，無所懼而不爲惡，必君子而後可。

---

① 見萬表《皇明經濟文録》卷十二《兵部》。

若夫常人，則必賞之而後可以爲善，罰之而後可以不爲惡也。今賞其小者，而欲求其大者之功，是以常人之心，而責之以君子之事，不可得矣。然而必以首級爲言者，亦以邊方久定，而出没無多，斯首級可得，而奇功之不必著也，故以是爲功耳。若夫大舉之寇，突然而來，非衝鋒破敵之功不可支也。是必有驍杰之士，折衝于前，而後僕遬之流，得以斬獲于後。若使折衝之士，而汲汲于首級之求，其不見殺于人者，鮮矣。今既不以折衝爲急，而惟以首級爲尚，不知首級何自而得也？蓋不過竊零賊以爲功，殺良人以欺上，是其功也，將流于罪矣。予故曰：論功行賞，有非首級之所能盡者，此也。

河間府重修廟學記①

嘗聞三代之君，所以成聖德而昭王化者，莫不以庠序學校爲根本。至秦，崇尚兵刑，焚弃典籍，此一厄也。炎漢出而興起，辟雍、學校漸可觀矣。唐宋英君，代有作者，金元版蕩，又一厄矣。我太祖出而新之，斯文尤奇遇也。然厄與不厄，于聖人之教何損？而君德治體，每視此爲隆殺，其所繫豈小補哉？

---

① 見田國福主編《河間金石遺録》拓片，102 頁，河北教育出版社，2008 年。題“賜進士第嘉議大夫通政使司通政使郡人樊深撰”。

河間郡治，乃畿輔大藩。廟學之設，起于洪武之初，永樂二年而增置之。兹者殿宇、陛階、垣墻、齋舍，漸就傾圮。我太守東川徐公，鋭然以重修爲己任，且不告于上，不剥于下，設施有序，取用有方，工役之興，裕如也。大巡思質王公適觀厥成，發金助役者三十兩。而寮佐群公，亦興起，助金有差。歲庚戌，首春三月，終秋八月。殿廡門栅、堂齋亭閣，及諸周垣、廩庾、庖庫、廨宇，焕然一新，實與創建者無异也。河間寧尹寵，樂其畢役，乃托曹掌教汝菊述其略，屬記于予。予竊謂文翁之于蜀，常衮之于閩，他務未遑，而獨致意于學校者，亦以爲政之先務在此也。公治瀛歲已三載，清才善政，吏畏民懷。其他治績，不可具述。今以學校一事觀之，殆將政教兼舉，而文翁、常衮，不得專美于前矣。夫興教者，上也；從教者，下也。考之古人，蓬户陋巷，德業著名者，時或有之。矧今群之學宫，董之師儒，上有右文之君，下有興教之臣，而勉志進修，尤易易也。凡育于此者，明大人之學，以善其身，以及于人，以求至于希聖希天之學，此又作人者之至願也。公諱文亨，字道行，遼東定遼後衛官籍，江西餘干人，登戊戌進士，由司寇郎歷今官。東川，其别號云。

嘉靖二十九年冬十月吉，同知汪有執、歐陽乾元，通判錢圻、王鑑、秦藩，推官任希祖、陳堯同立石。

天津兵備副使介川毛公懷德亭碑記①

嘗考天津三衛，疆域平曠，寇患竊發，邊關咫尺，夷情數警。邦畿近地，上有供應之勞；南北要津，下有往來之擾。兼之歲遭水旱，民罹饑饉，而莅其上者，又無有司以爲之主，其所興利而除害者，惟賴一兵司而已。故兵司得人，則一方之人安；兵司非人，則一方之人危。其所繫亦大矣。

介川毛公，莅任兹土，乃上遵主命，下體群情，夙夜憂勤，却除灾害。津本逆河，水患傷農，公則開渠以泄積派，築堤以防漫流，而水患息。津通漕河，夫役病民，公則革量加之擾，止急顧之弊，而衆害平。津多武職，殘虐戕軍，公則導之以育養之方，繩之以侵暴之法，而軍吏安。津多差役，奸弊日生，公則禁百户之掊克，革銀頭之納賄，而役事成。津地荒歉，士民困乏，公則于艱苦者爲之賙賑，婚喪者爲之給助，衆賴安全，而荒不爲害。津地士類，學業寡傳，公則誨之以文藝，申之以躬行，士知向方，而賢浸盛。至于理冤訟、平物價、節財省費、禁盜安民，紛紛善政，不一而足。隨以烏台交薦，擢公山西大参。

① 見浙江省江山市檔案局編《清漾毛氏族譜》，255—256頁，中國檔案出版社，2008年。

慨公于時勢難爲之中，而屢有异常之政，則其功也斯大；津人于無所控訴之内，而共沾活己之恩，則其感也斯深。然感生思，思生祀。是故隆棟峻宇，妥尊嚴也；削木鋟文，著姓氏也；焚膏烈柱，達虔誠也；環拜拱侍，展恭敬也。蓋所以祠公而報之也。切于報也，故祠于生前；公于報也，故祠于去後。

魯原曾公田，繼公者也，乃扁其亭曰“懷德”以志思。復因吏士之請，托瀛守承山宋公，索予文以記其思之之故。夫亭，在外者也；思，在内者也。前之人因其思，所以建夫亭，後之人觀其亭，可以興夫思，且使相繼者必能見賢而思齊，同宦者亦可聞風而興起。則是亭之建，不爲虚矣。昔張亢撫軍丁，軍人繪儀以祀；韓善興學校，士人立祠以享。彼則各具其善，公則兼有衆善者也。則是亭之建，不爲過矣。《祭法》：“能禦大灾，則祀之；能捍大患，則祀之。”考公所行，悉合于此。則是亭之建，又非無據而爲之矣。但同事者，揚已善而妒人之善，此常情也。若曾公，德澤及民，何异毛公？而乃于人之善、人之美，贊成之，非有樂善之心者，能之乎？觀其志則可以知其政矣。

嘉靖四十年歲次辛酉冬十二月吉旦立。

褚鈇去思碑①

褚公諱鈇，字民威，山西榆次人也。嘉靖丙寅進士，宰邑多善政。無何，召還爲御史，瀛士民勒碑寄思。邑人樊深②爲文曰：善哉！令之政也。篤哉！士民之思也。去而不忘，是觀人心矣。瀛邑民多剽悍，工騎射，鮮理生業，刑斂稍迫，或欲願不遂，輒起而爲盜，俗之難也。路通南北，爲襟喉要地，冠裳之士，不由此不達于京師，地之難也。國家多故，邊警告急，賦斂旁出，繭取猬集，時事之難也。爲令尹者，不思救焚拯溺，則民泥水火矣。褚公下車，輒自誓曰："良醫療疾，在治其源。良吏撫民，宜去其弊。事屬小子乎！"于是察民所疾苦，更置之。往時訟獄，不眩于黑白，則奪于勢利，公則立聽之下，物無遁情，且執法不易也。往時賦税，納者苦于增加輸運，不前收者，阻于逋欠，賠償無已，公賦有定數而不增，徵有常期而無欠。往時徭役，分派無法，民苦于役，公則量事緩急，損益其數，察民虚實，差等其則，富者不得以幸免，貧者不至于獨累。往時公用，取民無定數，擾民無寧期，公則計

---

① 見乾隆《河間縣志》卷六。（中國地方志集成叢書，下同）按：康熙《河間縣志》卷十二作"褚鈇傳"，于文末注"輯樊深《去思碑》"，未署樊深之名。

② "邑人樊深"康熙《河間縣志》作"叩大司寇樊公深"。

歲所費，預收于官，因事量給，弗侈于用。窮鄉小民，足不至縣，而公費無不足矣。至于築浚城池，修理學校，皆勞民之事，公皆處置得宜，而民忘其勞。其他潔已愛民、懲惡勸善，良法美意，莫能悉舉，而大略可知也。

褚公既去，而民不忘也，其在斯歟？然公雖去，而流風猶存，人雖殊，而良心則一。語曰："規矩誠立，工人取焉。繩墨誠設，匠氏則焉。"公之善政，勒于堅珉，後有繼者，必將取而效之矣。何患乎前有杜父而後無召母耶？公位日益高，任日益重，必將舉一世而化道之，又安知民不皆安而治也？然則此碑所論，豈可少哉？

河間縣重建廟學碑記[①]

河間縣學，創建于成化之六載，後雖有知縣郭公學書、褚公鈇，相繼修葺，然亦仍其舊陋，規制未備。比[②]歲儒數闊疏，人才放佚，識者慨焉。隆慶庚午，汝南黄公來知縣事，每朔望次日視學，顧瞻廟貌卑陋，廊廡凋敗，暨師弟子舍皆傾圮弗完，又兼知近日成材，稍讓于昔。喟然嘆曰："廟不飭，何以妥明靈、致誠敬？學不飭，何以興教化、育賢才？縣令之職，寧有重于此乎？"遂捐已俸，貸富民，鳩

① 見康熙《河間縣志》卷十二。

② "比"康熙《河間縣志》作"此"，今據乾隆《河間縣志》改。

工聚財，委僚屬二尹宋君楠、三尹尚賢、四衙劉公良，次第監工，廣而新之。廟自先師殿、東西廡、戟門、欞星門，共二十五楹。自明倫堂二門、大門，共十有一楹。啓聖祠五楹，敬一亭三楹，悉撤舊更建。又就戟門左右，創爲請益、私淑二堂，各三楹。明倫堂後，爲尊經閣五楹，其東西隙地，爲公廨，各若干楹。廟學之外，繚以周垣；庭宇之前，樹以嘉木。臨衢建木坊一座，其中爲門，以時啓閉。東西架木爲橋，正南築土爲山，以至栖神之龕，祭用之器，莫不綜理周密。經始于隆慶六年四月，訖工于萬曆元年三月。不煩民力，不費公帑，而丹漆黝堊，鳥革翬飛，蓋蔚然改觀矣。郡守丁公，聞厥工成，謁廟視學開講，優賞諸生，玆曠古一見也。

教諭劉君朝與、訓導張君文顯、郭君士棟，率諸生劉宸、朱苹輩詣予，丐文以記其事。予惟道在人心，必教而後明。學校則興化之所也，自昔唐虞三代，君師道立，政教兼舉，民風丕變，真才朋興，不可尚已。後世以教典于學官，政屬于守令。爲令者，率以修政爲當務，而于學校之興廢，漠然不加之意。然教化不行，政因以墜，謂之循吏，可乎？黄公治河間，首修飭學宫，以爲民倡，極留心政本，誠他令所不及者。自此而青衿濟濟，聳壑昂霄，禮樂詩書，家傳户誦，要皆睹宫墻而興起焉耳。循良不在是哉！雖然，鼓舞率作者，令之事；策勵自奮者，士之責。諸士生長畿輔，遭逢聖世，又值賢令，以勞來輔翼之，誠千載一時也。尚其爭自樹立，反躬體道，希聖希賢，無徒寫章句儒，以辱此奇遘，即他日銜命服官，以道致君，以經濟事，勛業烜赫，與臯、夔、稷、契，先後方軌，使世人稱曰：某良士、某良士，河間之産也。斯不負朝廷建立有司作興之意矣。若乃剽儒墨以媒利，覬科第以矜人，洪涊依阿，滑稽哆辨，甘負公家，以厚自殖，譬珉中而玉表，鷙翰而鳳鳴，豈特二三子之羞，抑亦有司者之憂！

黄公名家棟，戊辰進士，河南息縣人。其尹河間也，均田賦，公徭役，節用愛民，鋤奸抑强，政之可紀者甚多，修學則大者而已。

重修聖廟學宫記[①]

阜城縣尹鞏公邦固，既新其廟學，鄉宦伊公介夫、教諭賈公希哲、訓導劉公以莊、庠生林氏才、錢氏科、丁氏大川、潘氏三變，貽書于余，俾記厥成。余夙知鞏公賢，今又能興盛節以惠多士，余益喜聞而樂道之。

竊謂阜城乃燕趙名區，畿輔要地。洪武初年，創有儒學，歲月既久，風雨侵削，殿欹而頽，廡蝕而摧，堂齋公廨之屬，亦傾側罔支矣。鞏公號吴州，河南通許縣人，由鄉舉禮魁來尹是邑，喟然嘆曰："育賢之地，今若是耶？學

① 見光緒《阜城縣志》卷二十二。

以養士，士以輔世，弗爲之所，士焉攸賴?”斷曰：“善地弗完，雖不可緩，民困未舒，亦不可亟。”乃減徭賦、節里甲，厘奸革弊，恤貧濟乏，厥政行，厥民安矣。修理工作，此其時也。即白之郡守丁公，丁公樂從。公遂多方處置，均節委積，藏財庀功，扶傾植圮。其所修者，正殿五間，兩廡二十四間，戟門三間，欞星門三間，琉璃屏一座，琉璃八字墻二堵，明倫堂五間，兩齋十間，號房二十間，敬一亭三間，儒學大門三間，東西公廨十八間，橋門一座，周圍垣墻一百二十餘堵。責委有人，經營有序，費不傷財，役不妨農。工始于隆慶五年九月，落成于六年三月。且能額定書程，嚴督課業，四時考較，朔望講習，又時有振作之方焉。

予聞議事者，必求其至；作事者，必造其極。古者立學釋奠于先聖、先師，然所祀者，不知其名。迨後祀周公于文廟，以孔子配享。又其後，以孔子集大成爲至聖，始專祀孔子及歷代之賢焉。古者孔子之祀，不出闕里。迨後，以闕里之祀，不足以風天下也，始有通祀之典焉。古者夏校、殷序、周庠，其事异，其名殊，今則養老、習射之類，皆歸總于儒學焉。古者百家之言，雜習并進。有唐之時，習《莊》《列》者，得由科目；習《孟子》者，不能得與。迨後表章相繼，始定以經書之制焉。至我國家，尤重于斯。毁塑像而更以木主，去封爵而隆以師稱。正祀典必求其精，變文體必求其雅。以至超擢儒臣，增添歲貢，往往加意于儒林。但守令之臣，勤簿書、謹奉承，未有盟心于是者。鞏公則修理廟學，督勸課業，無所不用其功。然後禮極其至，而無遺議；事極其美而，無遺憾矣。諸士生于此時，育于此地者，何其幸與！然歷代所更定者，則養之制也；鞏公所修理者，作養之地也；所督勸者，作養之具也。至于正己之學，則在諸生自勉，非帝王有司之所能爲也。諸士當以所誦讀書，體驗于身心，發揮于事業，入而事親從兄，必以是而爲之準；出而致君澤民，必以是而爲之則。挽回雍熙太和之風，共成正大光明之業。此國家教養之心也，亦鞏公振作之意也。其慎之哉！其慎之哉！

重修二聖神廟碑記①

肅寧城北二十里廟頭村，舊有二聖神廟，俗傳唐臣敬德所建，積有年矣。頹壁垝垣，不蔽風雨，殘階斷砌，苔蘚漫生。丹青滅没而塵蒙，梁棟鹿埸而蛛結。則過者含嗟，居者生慢，甚至牧豎且思拴其牛馬矣。神雖靈，胡顯其靈也？嘉靖間，僧人佛義，以神夢來至其地，思重修之。乃募緣于四方，鳩工聚財，歷寒暑者至再，始克告成。爲大殿三楹，厦宇三楹，鐘鼓樓二座，馬殿三楹，禪堂三楹，東西廊廡各若干楹。肖二郎、關公二神像于殿中，殘甓斷

① 見乾隆《肅寧縣志》卷十上。

礎，悉易以新；峻宇崇基，遠勝于舊。金碧焜耀，丹雘鮮好。闢地三十四畝，本僧承種，以供香火之費。且欲勒碑刻銘，以示勿朽，于是走幣請記于余。念惟神祀之立，所以報德報功，而勸善懲惡之意，亦寓焉者。

二郎之神，予昔不諳其詳，及考灌口廟碑，乃知爲嘉州太守趙公諱昱，其言斬蛟治水，一郡之人，免于没溺，厥事甚奇，厥功甚巨。迨卒後數年，嘉州水漲，居民猶見其乘白馬、引鷹犬、挾弓彈、涉波而過，漲隨以平。宋祥符間，益卒大亂，遣將往治之，賴神力致克捷，事聞于朝，封爲清源妙道真君。至若關公，生扶漢室，没爲神明，其護國佑民之功，尤表表在人耳目。玆非均爲可祀者哉！且人群居類處，善惡雜揉，則惡不知懲，善不知勸，故刑罰足爲警也。或加之而不悛，戒諭足爲警也。或拒之而不受，惟要質于神明之前，則罔不愕然而警，退然而怯，赧然而屈且服，是豈鬼神真能旦夕降灾禍于其身耶？其心以爲鬼神昭鑒，事不可欺，怒不可測，吾苟怙終，其誰佑我？由是怨艾懺悔之念，每生于恐懼疑惑之餘，駸駸乎思趨于善矣。惡思趨于善，則善人安。若此者，誰其致之？潛移默挽，握不言而喻之符，謂非自廟宇之建不可也。夫祠廟一建，則香火日供，既足以報神功德于不朽，而神像有嚴，瞻者起敬，又足以消鄉人惡念于不萌。是化民成俗，胥取諸此，而不徒爲淫瀆之舉惑世誣民焉已。不已可嘉尚乎？遂不辭而爲之記。

時萬曆四年歲次丙子孟夏吉旦。

靈璧縣尹莎東公墓志銘[①]

莎東邊公卒，厥弟率諸子持乃侄石門邊正郎狀，請銘于予。予忝姻婭，知公最詳，故敢言之。按狀：公姓邊氏，諱宓，字汝周，號莎東，任丘縣人。其先世在漢時有作大司馬者，至我朝，益茂厥宗。曾大父諱復初，從文祖靖難有功，授百户，世襲。大父諱永，由進士任行人，使安南、占城，升户部郎中。父諱鏞，由鄉進士選授御史，仕至刑部右侍郎。前母王氏，繼母徐氏，生母袁氏。兄五人：長宗，監生；次寅，中牟主簿，以子參政億貴，封户部主事；次憲，刑部尚書；次寔，都察院右副都御史；次寧，山東按察司副使；弟一人，諱守，有隱德，不仕。代有聞人，海内稱世家者，必曰邊氏。

公雖巨族，其醇謹謙抑，一如寒素。事父母以孝，處兄弟以和，待族人姻友，恩禮詳慎，咸可爲式。下至僕隸，亦御以寬惠，有垂老感恩不忍去者。平居無疾言遽色，見人有善，則亟口稱之；見人有過，則諱而不露。沉深有幹略，指陳時務，動中機宜，坐客無不竦聽受益而去。幼習

① 見乾隆《任丘邊氏族譜》卷九，題“賜進士第嘉議大夫通政使司通政使郡人樊深撰文”。

舉子業，長携侄高郵州守僑、刑部正郎仲，同游于四川王時齋先生之門，門下士多所推讓。棘闈不第，卒業成均。

嘉靖丙戌，始授和州吏目，士林咸爲公屈，而公則坦然，懋修厥職，事上使下，忠勤惠和，上下悦服。境有蝗，公躬親督捕，山居七日而蝗盡滅，是歲大熟。勛貴有奪占民田者，公執法歸之民，和人深德之。三年考績，道聞袁母之喪，回籍守制。服闋，復除壽州吏目，撫按委管正陽鎮隱賢集詞訟。地多豪霸難治，公鋤强抑暴，相率屏迹。未逾年，轉溧陽丞。民有錢氏爲義田之舉者，公深加嘆賞曰："此范公遺意也!"呈請當道，以表其門。錢懷金入謝。公曰："爾之善如是，于法當表揚，何謝爲?"拒而不受。錢復跪請曰："止某一人知爾。"公曰："吾之不受，求慊此心而已，人知不知，何暇計焉?"錢慚服而退。致政尚書劉公麟聞其事，即以書薦之于巡撫侯公，有"廉足以空冀北，仁足以覆江南"之目，真確論也!

既而入覲，改上海縣管糧。上海固東南財賦窟也，分例動輒千數，公分毫無取，第寬里甲，緩催科，律己防奸，洗冤弭盗而已。因患足病告簡，士民保留不獲，調升靈璧縣尹。公乃修學校，固城池，省徐州協濟夫役三千，固鎮驛管夫十八名爲民病，除之。政日益聞，民日益感。時有當道見嫉者，遂解組歸。吏民思公之德而不忍釋也，建祠祀焉。

抵家，舊宅蕭然，無所增置，日招衣冠故友彈棋會詩，樂而忘倦。尤善楷書大字，遠近士人有乞書者輒應之。暖風晴日，則出游西郭小園以自適。教子弟專以耕讀，故皆恂恂雅飭。公强健聰明，方冀耄期，不意偶感一疾而逝。永訣時，從容不亂，惟諄諄以一弟爲念，曰："恐家貧無以爲養，他日送終，不能如我今日爾。"蓋其友愛天性，至老而彌篤如此。訃聞之日，遠近親戚，罔不悲思震悼，善鳴者又爲挽歌以寫其哀，積成卷册。非公厚德雅望，素服人心，能若是乎？

公生成化十三年六月六日，卒嘉靖三十二年四月二十日，享年七十有七。妻劉氏，高陽太守劉公之女，早卒，無出。繼娶董氏，河間指揮董公之女，先公八年卒。生子六：長任、次仕，早卒；次儀，國子生；次伾、次代，俱庠生；次化。女一，適李郎中之子埈，國子生。孫八：液、浾、沐、洞、澥、潡、灝、濯。將以次年十一月十九日葬于城西祖塋之次，與劉孺人、董孺人同壙。銘曰：

惟賢曰祖，惟慈曰親。積善有年，庇于公身。始游北雍，繼問南津。因位盡職，隨在施仁。厥官既久，厥政維新。歸視其家，囊橐猶貧。何所有之？德在生民。何所報之？慶衍後人。振振繩繩，惟孫與子。邊氏之盛，殆不止此。

明故奉政大夫陝西按察司僉事秋軒薛公墓志銘[①]

薛公諱尚義，字仲行，别號秋軒，世家河間縣之西北里。曾大父諱景春，配高氏。大父諱勝，配馬氏。農業治生，不干仕進。父諱隆，以公貴，贈户部主事。母鞏氏，名門淑德，封安人。兄尚仁，生員，弟尚禮、尚智。

公生而聰慧，每讀書即曉大義，鄉人奇之。後從學于鄉進士蘇公進，習舉子業，負大志，以科第自期。弱冠補郡庠弟子員，領嘉靖丁酉順天府鄉薦，登戊戌榜進士。初授桐城縣尹，桐城巨邑，號煩劇難治。公下車，勵精設法，作學校，平遣差，時攉科，詳聽斷，吏畏民懷，厥政大行。己亥，奉迎梓宫，諸邑令會議驚愕，咸以爲難。問計于公，公曰："天下事待人爲之，奚以難自苦哉？自苦于難，便不可爲矣。"公乃從容區畫，百爲就緒，民亦不擾，衆以爲法，當道交章薦揚，聲價大著。辛丑入覲，事畢回任，至中途，聞父病篤，公單騎倍道南馳抵任。至三月初六日父殂，尚獲一見，以爲終天之别。公號痛不自勝，吊者皆爲垂涕。訃音傳聞，當道咨咨，若失手足；民心皇皇，如去父母。扶柩北歸，徒步護送者，充盈于道，至百里外，痛

① 見田國福主編《河間金石遺録》拓片，303 頁，河北教育出版社，2008 年。題"賜進士第通議大夫刑部左侍郎侍經筵官奉旨進階一級郡人樊深撰"。

泣而别。公抵家，大事既襄，癸卯服闋，赴部補選江都縣尹。縣乃附郭，且要衝之地，政務叢雜爲甚。公以治桐者治之，大加詳密。甫一載，黎庶載寧，薦剡相繼，聲價視昔尤著。丙午，循例考績，升南京户部主事，分督錢穀，會計得宜，國計攸賴。課杭州北新關税，减常格之半，商賈悦安。戊申，榮沐封贈恩典，歷官正郎，轉陝西按察司僉事，整飭延綏西路兵備。適例開馬市，事屬重大，蓋簡任也。公防範孔嚴，交易有制，夷人畏服，邊陲賴以寧靖。事聞，有彩幣白金之賜。遂因積勞太甚，感疾嘔血。總制三邊都御史賈公，惜其大才可用，委曲以不服水土疏上，得回籍聽調。公欣然退歸，督理農業，以義方教子。事兄愛敬，數日不見則鬱陶以思，滌觴歡飲，率以爲常。二弟繼亡，綜理殯葬如儀。至嘉靖辛酉七月初五日，母故，哀毁骨立。喪祭咸過于厚，宗族鄉黨有貧不能舉禮者，亦量爲助濟，而感頌公德者居多。迨聖天子即位改元，恩例起廢，公實聽調之數，尤當起者，有司詣門懇勸，公以衰老致辭，乃已，奉明詔進階一級。每歲鄉飲，太府屢請，强爲一往，非公事不履公庭。約鄉宦耆舊，爲道義會，吊喪問疾，人服其高。林下娱樂，幾二十年。己巳十月二十三日，猶會飲賡歌，次日感疾，忽爾長逝。變故在前，不惟人不能知，雖公亦不能知也。嗚呼，痛哉！

公生于正德二年三月二十一日，卒于隆慶三年十月二十四日，享年六十有三。先娶張氏，贈安人。繼娶蕭氏，封安人。副室二，黄氏、李氏。子三，長名自新，縣庠生員，娶布政馮公時雨女；次自修，娶義士董公仲良女；次自治，聘鴻臚署丞樊公潜女。女四，長配知縣李公汝桂之子璣，次配天津衛劉揮使應元，次配知州張公梅之子繼美，次配主簿林公習之子瑾。孫男一，喜哥，聘大中丞王公儀男生員練女。孫女二，俱幼。仁者昌後，將來似續繁衍，未可量也。

公爲人德性明朗，器宇恢宏，事尚大體，行辨義利，自奉不奢，而待賓則極其豐。言笑有則，而見事則極其敏。莅官忠愛，居家孝友，可謂仁人君子也。且諸子鸞停鵠峙，業儒好學，皆可以繼公之志，公雖死亦可以瞑目矣。今擇隆慶六年二月初十日，安厝于本府城北祖塋之次。銘曰：

卓爾哲人，夙冠于鄉。既才且賢，相履有章。其章維何？弗怍弗愧。亹亹初純，厥修用粹。篤爾惠仁，名邑再居。措爾雄謀，邊塞長驅。庸之既兆，言遄其止。時進時退，復于素履。龍之潜矣，于沚于林。載栖載咏，以寫乃心。誕彌爾性，宛矣令終。厝此玄堂，垂世無窮。

明故直隸河間府庠生秋岡張公墓志銘[1]

張公卒，其子慎言，持狀請銘于予，泣數行下，曰："吾父以哀毀卧疾而逝，吾未及盡一日菽水之歡，痛將奚補！請銘之石，以志父懿，庶可以展吾之思也。"予聞其言而嘆之曰："張公其賢矣乎！觀之子則可知張公矣。"

張公諱一鶚，字仲翔，别號秋岡，瀛之河間衛人。曾大父諱能，大父諱文，通府庠生，克自樹立，家道寖盛。父從道官引禮，度豁志雅，與衆無忤，更有器能，以此産積彌厚，推重一時。配曹氏，勤儉淑慎，内助足稱，生有三子，公居其次。公生而敦敏俊拔，公父亦雅重公，期昌厥族，特命擇良師與游。始受學于任源，繼受學于河間。公亦知策勵，年旬餘，補瀛庠弟子員。乙卯，應試京闈，愈下帷講誦，至忘寢食，博極群籍，爲文風骨純雅，不事雕琢，允科場之利器也。禀性至孝，定省奉養，常若不及。于兄弟，則讓賄趨勞，怡然和順。且寬大孚于僕俾，惠愛洽于鄉閭。人無少長，翕然德之。其自奉則以儉素自持，不嗜靡麗，一遇姻朋，無不款筵傾倒。世俗稱富室者多矣，率皆尚華綺，事傲睨，以恣其意。如張公者，可易得哉？

---

① 見田國福主編《河間文化研究》第三期拓片，190 頁，人民日報出版社，2020 年。題"賜進士第通議大夫刑部左侍郎侍經筵官奉旨進階一級郡人樊深撰"。

未幾，父先逝，母亦繼逝，公遂釋業在疚，哀毁過禮。雖既殯，猶哀思不已。且以不獲躋頭榮，如父望爲憾。竟以抑鬱得病而卒，良可傷也。

公兄一鳳，任雞鳴□□[①]配王氏；弟一鵬，太學生，配唐氏。公配孫氏，生三子：長慎言，府庠生，娶知州裴應時女；次慎行，府庠生，娶知縣郭延楨女；三慎獨，聘兵馬尚□女。咸遵公訓，努力向學，皆可以成公之志。生二女，長適知縣邊溉子邊樽，次尚幼。孫女一，亦尚幼。公生于嘉靖四年五月十七日，卒于萬曆元年六月二十六日，享年四十有九。今擇本年十一月初八日安厝于瀛北祖塋之次焉。銘曰：

爰篤潛修，允迪□□。身濡祥池，學精邃谷。無殖淫湎，遜志恬冲。振耀胤轂，安順考終。穸爾即兆，幽寂頃隔。勒兹章珉，永奠玄宅。

《河間府志》自序[②]

西田樊深曰：志者，郡邑之史也。古以來恒有之，而于今爲重。蓋《周禮》有小史，以掌邦國之志；有外史，以掌四方之志；而又有職方氏，以掌天下之圖。是以此焉

① 原文漫漶，下同。

② 見嘉靖《河間府志》卷首。

不得，猶求之他，無足慮也。矧今史乏日記，漫無足徵，而纂實録、采民風，猶于郡邑是稽，此其爲志也，詎可緩乎？

河間，今王畿重地，其在遼金及勝國，戎馬馳突，文獻滅裂，識者慨焉。後雖有程氏舊刻，亦僅成而未備；鄺氏家集，每欲備而未成。廢缺相循，卒爲墜典。邇者，龍山部公守河間，百度俱新。治益閑暇，乃偕諸僚友西泉童公、豫齋徐公、益泉畢公、錫岩顧公、中湖彭公，造予而屬以是焉。予曰："瀛而無志，猶無瀛也。志而不工，猶無志也。嗟予疏陋，何以堪此？"然又懼夫機會難逢，時焉易失，恐後之慨今，無异于今之慨昔也。遂敢稽諸墳典，質諸譜牒，參之舊輯，摭以新聞。析事類而條理秩焉，肆采擇而遺闕補焉，加删存而褒貶寓焉，原利病而民性資焉。爲綱十有六，爲目六十有一，列卷二十有八。凡一方之山川、境土、習俗、往迹，予咸搜輯而罔遺矣。若夫述怪誕以表奇特，著事應以實祥异，增仙釋以備觀覽，固名教之所禁者，予皆得而略云。

《河間府志》跋[①]

嘉靖庚子秋八月，《河間志》成。先是，龍山公以郡志

① 見嘉靖《河間府志》卷末。

之作托諸予，故予得以苟完其事也。方今國有史，郡邑有志。然而作史者亦難矣，遷、固以來，咸有可議，至唐韓愈所論，其弊極矣。而作志之法，尤難于史。蓋史以言天下，志以言一方。史或數世乃出，志則朝作而暮聞于人矣。其時事往迹，昭然易見，稍有未當，則群指而議之。予何人斯而可以服衆論乎？多見其不知量也。

是故予作《天文》，以明分野。蓋諸家之説，紛紛靡定，惟唐僧一行之言，君子竊有取焉。其言星之與土，以精氣相屬，故其占應，以山河爲驗，而不專于方國，亦以山河有定，而方國無常耳。故予以方國爲言，而復取于九河、渤海之説者，即此意也。予作《地理》，以辨沿革。蓋古籍异同，漫無可考，惟國朝《一統志》乃可據焉。其言河間，乃顓頊高陽氏城此，且爲唐後封邑，又晋東陽郡地，至漢并入信都，而制始殊矣。此其言之有定，參驗諸書，實相同而可信也。予作《建置》，以防居守。蓋《春秋》之義，每重興作，時制攸存，勿削可也。予作《宫室》，以嚴臨莅。使民之道，其在斯乎？不得其人，不可爲也。予作《河道》，以核源流。蓋水利之不興也久矣，財賦其可充乎？是不得爲河間也。不然，河道，山川之一耳，亦何費于喋喋耶？予作《風土》，以著往昔。淳薄之漸，可例知矣，觀風者其亦知所務乎？予作《典禮》，以明時制。蓋自獻王興禮，雅可稱述，繼世紹迹，代有作者，但生今反古，爲世所禁，删而不記，可無意耶？予作《宦迹》，以識功德。蓋分轄總括，兼官遥授，任人之制，代有不同，亦惟恩澤在人，庶可表記，則亦不嫌于取一而弃一也。予作《人物》，以悉奇杰。蓋鄉籍之説，後世始重，而古先明哲，苦無足徵，故雖封鉅、許由、籛鏗、滅明之類，初亦無聞，及觀史牒諸籍，暨趙氏輩所論，方顯其爲河間也。否則地雖多賢，無所取信，不終泯没而無傳耶？予作《選舉》，以究名實。以行以文，古今常制，時异勢殊，理或然也。予作《藝文》，以重華國。散失無存，略得一二，孰可輯乎？予將俟也。其餘辭旨，類無足言，博采旁搜，僅成篇目。乃分爲二十有八卷，凡四十八萬一百餘言。

編次雖成，未敢自信，乃即謀于太府龍山部公相，暨同府童公蒙正、楊公廷美、通府畢公竟恭、顧公彦夫、推府彭公危行，復相與訂正，務求雅觀。而校閲，則府屬司教孫君宗器、楊君文澤、高君昶、鄭君時暢、潘君松、高君蘭、周君坤、白君文經衞、丁君壁。董厥刻者，則知事謝君一龍也。梓完将播于郡人，而傳布于永久也。故書此于卷末，亦使後之觀志者，有以知吾之意云。

河間後學樊深識。

青陵橋記[1]

河間縣城之東，舊有青陵橋，蓋昔㵎河之水，自西南而注，沙河之水，自東南而注，胥經其下，此橋足以東其洚流，不至爲田廬害。迨橋圮，而隆慶戊辰，洪波突溢，直抵城下，洶涌之勢，駭人心目，當事者遂開蘇家口、徐家口，分殺水勢，城郭幸無虞。而東南一帶，極聖盡水鄉無涸時，迄今澎湃猶故。數十里膏腴之田，竟絶有秋之獲。往來行旅，多爲篙夫楫兒索重值、阻行期。即時沍寒，又惕于薄冰之履，蓋東南兩路皆然矣。前令益吾夏公暨府道諸公，修城南橋道，既效矣，而城東橋道尚闕焉。弗修，豈有待乎？連城趙公令河間，期月政成化行，暇日，顧瞻周道，如砥如矢，喟然曰："一水經帶兩路羈旅，橋道不修，攸往奚利？夏公底其積于南，予不當底其積于東乎？"爰鳩工飭材，創爲橋梁，連亘六里許，胥壘土爲道，高厚可障水。自萬曆十八年二月經始，以是年六月訖工。鄉士夫羨公此舉足永賴，屬予記其事。予惟國家興作，重勞民、重傷財。長府之爲，聖賢譏之，亦爲可以已而不已也。玆

① 按：康熙《河間縣志》卷十二載此文，名"青陵橋記"，無作者。乾隆《河間府志》卷二十題"明樊深河間青陵橋記"，乾隆《河間縣志》卷六作"河間青陵橋記"，亦署樊深名。今姑附于卷末，庶後之學者，不致訛傳。文據康熙《河間縣志》。

橋之作，固之役之必不可已者，而趙公擘畫，又得惜財愛民意焉。距橋工竣，計月凡四，工匠夫役合用數萬，公悉出錢穀募之，毫無擾地方、騷赤子，而空乏者得應募，反籍募值濟困餒。是年春夏旱甚，民卒晏然。是民不稱勞且稱便也。橋故無所仍，一切材木灰石，俱取辨于倉卒，其費甚巨，若工匠、若夫役，所費亦不貲。公悉捐己之俸金，或括之公私羨餘，毫無漁公帑、科民錢，見其工之成，而不見其用之詘，是財不稱傷，且稱裕也。趙公善政，可録者甚多，不盡述，述其大者，則兹橋道是已。

爰采邑人之謡而爲之歌曰："瀛城之東，滹沱所鍾。昔稱膏腴，今潛魚龍。河伯其駐，馮彝是宫。極目蒹葭，行旅弗通。卓哉趙公，鞭石駕虹。成之不日，展也奇功。利濟溥矣，陋兹艟艨。浮盂横海，或云鑿空。李冰七星，亦屬夏蟲。惟兹橋構，孰悲途窮？烺烺駿聲，穆穆松風。億萬斯年，滄海與終。"

公姓趙，名完璧，號連城，河南陝州人，丙戌進士，先任獻邑，有能聲，改河間，蓋兩地甘棠，并蔽芾云。

漣漪亭佚文卷第二

天文論[①]

深曰：昔人有言，天文星曆，知之甚難，既已知之，復懼泄漏，不如不知之爲愈也。矧今先哲迹遠，後學無傳，而列國定制，與今一統者，復不同矣。故旁取諸家之説，以見一方之略，且以傳疑云爾。

又曰：星曆之學，亦臣子所當知也。愚初讀律書，見私習天文者有禁。後讀制書，又見仁廟語楊士奇等曰：“此律自爲民間設耳，卿等安得有禁?”遂以天官、玉曆、祥异賦賜群臣。是由律書之言觀之，乃知聖人之所憂者深；由制書之言觀之，乃知聖人之所見者大。否則術士訛言，足

---

① 見嘉靖《河間府志》卷一《天文志》。

惑衆聽，而天工人代，將無敬畏之誠矣。

沿革論[①]

深曰：沿革之制，必究其實。或相屬者，雖遠必載；不相屬者，雖近亦黜。按《一統志》言，河間乃顓頊高陽氏城此，又言舜分北冀爲幽州，而河間猶幽封邑之地。及子燮因晋水名晋陽，而河間爲晋東陽，懷州爲晋南陽。至秦改順德爲信都郡，而漢并河間入信都，是皆統制相屬，載之亦無疑矣。

山川論[②]

深曰：人言山川之靈，足以生才育士，此一説也。或言形勝之固，足以域國囿民，此又一説也。或又謂其山澤之利，足以濟人利物，此尤民生之不可緩也。惟瀛多士，文物斐然，地靈人杰，不可誣矣。且地當畿輔藩翰，王國形勝之固，亦有賴焉。但土地之利，猶有未盡然者。今舉水之大者，曰滹水、曰滹水、曰沙河、曰衛河是也。堤岸淺薄，狂瀾易漲，衝决叠見，歲歲危之。是不惟無其利，

① 見嘉靖《河間府志》卷一《地理志》。
② 見嘉靖《河間府志》卷一《地理志》。

而且有其害矣。憂深慮遠之君子，可不知所以思患而豫防哉？

城池論[①]

深曰：城池亦足以衛民也，勝國以還，垣址廢墜，不足言矣。國家定鼎北都，經理畿輔，保障雖具，規制未完。所以一遇辛未畿盜之起，險無足恃，城遂失守者多矣，況大于此者乎？以後官民知警，歲加增修，而城池截然可觀矣。謂非守令之賢不可也，否則日玩月愒，漸至不葺，雖存者亦何賴耶？

古迹論[②]

深曰：董家里在景州西南廣川鎮，即仲舒下帷讀書處也。元曹元用《祠堂記》云："按《漢書》，董子，廣川人。廣川屬冀郡，即今景州蓨縣是也。"後又相傳，董子墓在東光，以元胡翰詞可考。矧今墓既不知其處，而董學村碑記亦無所考，當闕以俟知者。

---

① 見嘉靖《河間府志》卷二《建置志》。

② 見嘉靖《河間府志》卷三《建置志》。

深曰：予志古迹，多前人寓居之所也。或假其地以成功，或借其室以寄迹。及其後也，地以人而傳，名以事而著，交相賴者也。後之人拭目往迹，寧不興思齊之念、動懷古之悲者耶？但今有真迹俱在者，有遺址僅存者，有名在實亡者，是擇其可者而崇尚之、修葺之，尚有俟于來者。

公署論[①]

深曰：河間廣袤，殆七八百里，而民庶休戚，有足徵焉。是故地近西北，供邊者屢矣。郡當畿輔，接濟者勞矣。且東南諸國，率由是可達于京師，而水路要衝，供應者頻矣。是不惟民慮其敝，而莅此土者，尚亦有困哉！

學校論[②]

深曰：三代之法，廢壞久矣，其存于今而不墜者，獨學校一事而已。然廟宇不飾，則無以妥明靈、致誠敬；學舍不飾，則無以興教化、育賢才。稽之地志，元季喪亂，市朝變遷，廟學大壞。國朝洪武初，奉詔建之。永樂初，渡江靖難，地多戎馬，而廟學再壞，有司又重建之。吁！

① 見嘉靖《河間府志》卷四《宫室志》。

② 見嘉靖《河間府志》卷五《宫室志》。

亦艱矣。其在于今，則世底隆平，工非創造，而修治補葺，易爲力矣，亦何憚而不爲耶?

河渠論[①]

深曰：河間，古冀州之地，禹之九河，皆在其間，故《禹貢》曰“濟河惟兖州”，説者謂西北距河，則兖之西北，即爲冀之河間也。又曰“北過洚水，至于大陸又北，播爲九河，同爲逆河，入于海”，則大陸之北，亦爲河間，可知矣。至酈道元及宋儒程氏，皆謂九河之地，已淪于海，是雖河海之水，不無變遷，而兖冀之地，則未嘗變也。今由“大陸又北”之言，而考其處；由“濟河惟兖”之論，而視其迹。則九河之在河間也昭昭矣。若捨有迹而求諸無迹，外可信而求諸不可信，吾未見其知九河也。

又曰：眷兹瀛州，地頗濕下，是以西南諸河之水，率由此而達于海也。三代之時，溝洫川澮，法制井然，無足慮矣。其後井田法廢，溝洫無存，而諸渠之派，猶足達之，但土性沙柔，易于淤塞，而人事未盡，疏鑿者少。迄今論河，蓋已十喪八九矣。是以一遇河水之來，衝決散漫，悉爲湖池，而無可拯救之道。一遇雷雨之至，禾苗淪没，發泄無端，而三日之霖，可爲終歲之害矣。以此給國，國胡

① 見嘉靖《河間府志》卷六《河道志》。

可給？以此育民，民可得而育哉？此水患之大略也。

又曰：滱水東流，一支自蠡縣流入保定，一支流入河間，從古以來然也。往年河間水塞，則蠡縣獨受其害。近日河間水浚，而蠡縣之河，又欲塞之，是欲曲防以病鄰也。不若兩立而并存之，以分殺其勢，則彼此猶可支矣。

漕運論[①]

深曰：近聞德州迤南有窊名白草者，雨集水溢，由本河及吴橋縣城西，順流東光，橫二三十里，縱未有限焉，汪洋洊潰，禾稼漂淹。要之東光迤北諸處，大略相似。其爲害也，十年七八，此河之害一也。德州、吴橋、東光三處地方，俱沿衛河。東光河岸，素號完固，少有虧缺，及時修補，是以五六十年間，河决未聞。德州、吴橋，河岸不及東光，加之失于增修，數年以來，河决屢見。東光地方受患，視二處奚止百倍？小民雖曾申理，德州以外省屬郡，無奈爾何，吴橋亦未經理，蓋以地居上流，患不在彼，故爾衛河泛漲，歲歲危之，此河之害二也。近有工部正郎楊公旦，奏開衛河，泄漲水，通東光城南胡蘇廢河，以免水患，以便漕運，意亦是矣。權其輕重，衛河漕事爲急，胡蘇河通，特備泄水而已，其淺深廓狹之分，自有不同也。

---

① 見嘉靖《河間府志》卷六《河道志》。

使胡蘇廓而深之，與衛河同，恐衛水泄盡，而漕事無成。使狹而淺之，恐衛泛一息，而胡蘇又爲稿壤，行旅隨便往來，介然成路，水患復來，胡蘇岸穿，而旁溢百出，民之受患，竟不可免。今議連窩迤北大龍灣等處開通，使堤岸不堅，倘遇德州、吴橋、白草窊及河决水溢而下，不得入胡蘇故道，以漸歸海，平原泛濫，莫之能禦，其患猶有未盡止者。夫興利除害，長民者之先務也，害不除則利不可興，害可姑緩哉？

風俗論[①]

深曰：歷觀吾瀛，有顓頊之遺風，故其民至于今多厚。有渤海之遺風，故其民至于今多義。有燕昭之遺風，故其民至于今多禮。有獻王之遺風，故其民至于今多學。至于高尚氣力，崇信鬼神，則胡人入夏之驗，不可昧矣。此皆政施民效，捷于影響。上有好者，下必有甚焉者也。若夫還淳去僞，拔本塞源，民社有責，亦在化之而已。

時序論[②]

深曰：歷觀時序之所爲，有合于古者，如祀先、于耜

① 見嘉靖《河間府志》卷七《風土志》。

② 見嘉靖《河間府志》卷七《風土志》。

之類是也。有起于俗者，如插柳、禁蝎之類是也。有妨于義者，如灸窑、浴佛之類是也。合于古者，敦之可矣。習于俗者，順之可矣。妨于義者，去之可矣。然而民習不正，雖賢哲不能善其治，亦明矣。

土産論[①]

深曰：予昔與山右醫者，游于郡城之北，偶指一草示予曰："此道堤蘭也，可治勞瘵。"試之，果有奇效。後游京師，會友人于僧舍，謂予曰："瀛州青茅草，可作筆用。"及驗其言，果然。即此二者，則其他可知矣。夫天不常生，其生有時；地不遍産，其産有宜。然固有産之而不能知，知之而不能用，用之而不能盡者矣。大抵瀛人性拙而志惰，知之且不用，况未必知乎？此地有遺利，民有餘力，而困乏相仍也。

祥异論[②]

深曰：《春秋》于灾异必書者，畏天灾而重民命也。志灾而不志瑞者，瑞不足喜，而灾可憂也。此《春秋》灾异

---

① 見嘉靖《河間府志》卷七《風土志》。

② 見嘉靖《河間府志》卷七《風土志》。

之大端也。故予歷考河間之灾异，而備書于此，亦欲夫人聞戒知警，而不可忽天象以輕民事也。于祥亦書，因灾异而并舉之也。若夫禍福之來，未必無應，但不能至誠如神，而預達夫妖祥之原，則未免旁搜曲引，以遷就其説，如劉向、子歆之流也，黜焉可矣。

户田論[①]

深曰：嘗考諸宋，在景德時，户口七百三十萬，墾田一百七十萬頃；在皇佑時，户一千九十萬，墾田二百二十五萬頃。是户口少者墾田亦少，户口多者墾田亦多。顧瀛户口，日增于前，而田不加益焉，兼有荒弃者，有淹没者，有爲勢家所有者，是不惟不益，而且有損矣。生民之困，果在斯歟？

又曰：里甲供用，初論日，然日有費否，而用弗均焉。後改而論錢，錢盡而更，法始平也。但費繁而民寡，富者無幾而貧者多也，貧避役而逋逃，則存者有獨累之苦，逃者愈多，則累者愈重，是欲其皆貧而逃也，吁！可慨矣。

又曰：人言限田之後，莫善于均田，謂其田均而賦平也。然肅寧等縣，常欲行之，而卒未成者，何哉？亦以世久民安，事難卒變。使其既均之後，或少減焉，或猶舊焉，

① 見嘉靖《河間府志》卷八《財賦志》。

猶可支也。間有少增于前，與夫增而莫能辨者，則必興無窮之怨矣。是安能盡得安命尚義之民，而與之行均田之法哉？

屯田論[①]

深曰：吾瀛，居民在先，屯軍在後，其地之腴者，民已得之矣，而屯田之地，皆瘦而薄者也，然猶幸其田羨而可資也。其後復税餘田，以爲存留之用，名曰新增糧，而軍始困矣。然又幸其土性沙柔，宜種梨棗，以資民食也。其前指揮温和，嘗督軍種樹，以防饑饉，因其利，至今賴之，後豈無繼和之志而爲之勸者乎？

官莊論[②]

深曰：官莊之設，皆近時之弊也。洪惟我太祖高皇帝，立國之初，檢核天下官民田土，徵收税糧，具有定額。乃令山東、河南地方，額外荒地，任民盡力開墾，永不起科。列聖相承，益隆前制。亦以北方地形廣衍，中多瘠薄，是以有此例也。奈何權豪親昵之臣，不知祖宗立制之意，妄

① 見嘉靖《河間府志》卷八《財賦志》。

② 見嘉靖《河間府志》卷八《財賦志》。

聽奸民投獻，輒自違例奏討，將畿甸人民，奉例開墾永業，指爲無糧地土，一概奪爲己有，至將本等額糧之地，一例混奪，其莊頭、家人、内臣、官校，轉爲良善之害者，不可勝數。至今皇上即位之初，差科道部屬官，會同巡按御史，親詣查勘過各項莊田，共二十萬九百一十九頃二十八畝，退斷過侵占民地，共計二萬二百二十九頃二十八畝。雖祖宗之法，未能盡復，而積年之弊，去之幾盡。但近日之事，則又有可言者，勢豪租稅，責之有司，而水旱頻仍，正賦惟急，或不能盡如其意也。至使豪奴悍僕，復肆閭閻，是使小民既受官府之迫，復受奸徒之擾，吾不知其何如可也。

馬政論①

深曰：惟今馬政，郡邑之官，正佐之外，加設以官；里社之外，别立群長。考諸國初，有閑田以爲牧馬之處，而今爲勢家所有，不得不累于額田也。解京有芻牧之所，而今爲勢家所耕，不得不養于窮民也。民以田而供馬，及其貧也，又鬻其田于富人，是使富者有種田之利，而貧者有養馬之害也。司其事者，可不思所以急爲之處耶？

又曰：小民養馬，所孳馬駒，率多弱小駑駘，不能中

① 見嘉靖《河間府志》卷八《財賦志》。

太僕之選。弘治初，巡撫都御史史琳建言，令闔邑朋合餵養，鳩貲買俵草料之數、市馬之貲、解俵之費，俱視地之多寡，以爲嬴縮。至正德初，寺丞盛灝，又額外求小馬餘地，而什一之。且牧馬所孳，既不堪俵，而其歲俵之數，皆市于他方，則閭閻之下，破貲蕩産，朝夕飼食者，皆無用之物矣。豈其立法之意耶？

鹽政論[①]

深曰：方今鹽課，有資國用，而積弊相襲，事所當處者，則有可言也。是故法嚴商賈，算盡錙銖，人不樂趨，鹽法阻滯，此其所當處者一也；富户私煎，群黨竊販，私鹽四出，官課不行，此其所當處者二也；巡鹽民兵，率多雇覓，通同爲害，無所愛惜，一遇事發，罪歸其主，此其所當處者三也；多方影射，恣意逃亡，貧竈無恤，富室優免，此其所當處者四也；商人寡利，餘鹽莫支，勤竈未得，轉爲私鬻，此其所當處者五也；給批遣吏，關支食鹽，憑藉寵威，僞增加勒，此其所當處者六也。夫鹽貨之行于四方，與菽粟相爲并用，國家資之，以濟邊儲、備急餉，不可緩也。而司其柄者，革積弊以爲斯民之利，亦豈無經久之見耶？

---

① 見嘉靖《河間府志》卷八《財賦志》。

徭役論[1]

深曰：國朝財賦，視田土之厚薄，而定則焉。其均徭，則兼丁與田論之矣。河間丁田，其不及南方者，不啻數倍，而均徭則不异焉。此南方所以十載一編，而北方則歲無空役，役無空時也。古者歲用民力，不過三日，然古道不可得而見矣。得如南方，斯可矣。

驛遞論[2]

深曰：河間田賦，有夏税、有秋糧，皆一定之正額也。而兼有養馬之費，民之苦于此者猶多也。其後復有池窪魚課之税、官莊子粒之税、屯田新增之税，視前益相遠矣。其站地、餘地等錢，又皆自正德以來起之也。孰謂田賦有定耶？

祀典論[3]

深曰：嘗聞韓昌黎有言，古謂吉凶、鄉射、賓燕之禮，

① 見嘉靖《河間府志》卷八《財賦志》。
② 見嘉靖《河間府志》卷八《財賦志》。
③ 見嘉靖《河間府志》卷九《典禮志》。

民得而見焉者，今皆廢，而州縣幸有社稷、釋奠、風雨雷師之祭，民猶得以識先王之禮器焉。是今郡邑之祭，在前代已如此矣。但有法制常祀者，有郡邑各自爲祀者，如任原之扁鵲、河間之八蜡，皆自近時制祀焉。今以是意而推之他邑，則凡有功德而未祀者，皆可以義起矣。

又曰：鄉賢者，其厚德足以軌物，流風足以善俗，生爲善士，死則從祀于祠，即古所謂鄉先生没則祭于社者是也。其在州縣者，已各從祀于其鄉，不復論矣。其在府學者，雖兼祀州縣，亦不爲過；雖專祀郡城，亦不爲私。今所祀者，乃董子、毛子、劉子三人而已。以爲兼祀則未盡，以爲專祀則未然，且所祀者止于隋，而唐以後，俱未及焉，此尤不通之論也。是定其制而求其人，尚有俟夫博雅。

鄉儀志[①]

深曰：吾瀛所習，雖未能盡擬諸古，而禮度雍雍，亦略可觀矣。但自近時，驕惰成風，諂屈喪行，于禮漸有所損也。夫細民不能爲禮，而亦不能有害于禮。害禮者，士人也。古人有言曰“民俗觀士風”，其亦有見耶！

---

① 見嘉靖《河間府志》卷九《典禮志》。

歷代恤政論[1]

深曰：救灾恤民，當先事而爲之備，苟活目前，抑末矣。善哉高允之對魏主曰："若國家廣田積穀，公私有備，則饑寒不足憂矣。"雖然，使凶荒之民，得免于死亡之患者，則歷代恤政之功，亦不可少也，故志其概云。

時政論[2]

深曰：河間灾傷叠見，而所遇有异焉，被水灾者十常八九，被旱灾者十常五六，被蝗灾者十常三四，而地鼉、水雹之類，又十常一二存焉。然瀛地苦寒，餘無别藝，耕田而餒，則他無可望矣。而近時救荒之政有三，輕則有蠲免之法，重則有賑濟之令，甚則有煮粥之策。然蠲免善矣，有緩不及時之憂；賑濟仁矣，有名存實亡之弊；煮粥之事，民困極矣，雖善，不足言也。昔人謂救荒無善政，其言可信耶！

---

① 見嘉靖《河間府志》卷十《恤政志》。

② 見嘉靖《河間府志》卷十《恤政志》。

兵治論[1]

深曰：河間軍兵，有正軍，有餘丁。其正軍之衛京師也，無事則隨營伍，有事則聽調發，或在外而守邊堡，或在内而營宫室。然兵農既分，惟養給于公儲而已。今各處月糧，既以灾傷恩例而蠲免矣；而在京行糧，復以工價而扣除焉。然所除之糧，僅足工價之半，而軍無别業，餘何能給？是不得不借貸于人也，借貸而生利倍矣。其餘丁之衛郡邑也，身既繫于官府，食不給于公家，兼有軍器之費、買馬之索，征伐之苦，又層見而叠出焉。是其應役而無糧，與有糧而不得者，其困一也。夫用民之力，惟在所養。不養其民，而能用其民也，難矣哉！

河間民兵論[2]

深曰：河間民兵，率皆雇覓之徒，而無實用，其弊在民；或欲徵銀招募壯勇，而間有侵漁之患，其弊在公。嗚呼！政無全善，存乎其人。

---

① 見嘉靖《河間府志》卷十一《武備志》。

② 見嘉靖《河間府志》卷十一《武備志》。

兵變論①

深曰：河間地方廣衍，土地平夷，乃歷代用武之國，天下必争之地也。而民之苦于戰鬥、死于兵戈者蓋屢屢矣。降及金元，斬刈尤甚，民之生于斯者，十無一二存焉。至我國家，始遷其民以實之，生養休息，民其庶矣。嗚呼！狄以犬羊，亂我華夏，又豈特河間爲然哉！

帝王論②

深曰：粤自盤古，及于顓頊。五行命官，建元造曆。承雲作樂，典祀制禮。載時象天，養材任地。豁兩儀風氣于西南，趨萬姓朝宗于東北。本支繁衍，帝業昌隆。唐虞夏禹，受命迭興。下至炎漢，獻王紹謨。徵禮采詩，興學好古。振餘波于一方，騰英聲于九服。末世隆德，比肩接迹。或亨屯于帝祚，或振義于流俗。歷代侯王，同姓异姓。宣力王室，永言配命。維是流風，萬世允賴。仰德濡澤，敬哉毋怠！

---

① 見嘉靖《河間府志》卷十一《武備志》。

② 見嘉靖《河間府志》卷十二《世系志》。

后妃論[1]

深曰：古者有男教，以聽天下之外治；有女教，以聽天下之内治。是家人風化之所出，亦王政之不可缺也。故予志瀛，而備及后妃之德，則歷代内助之功，列聖刑于之化，亦略可見于此矣。

流寓論[2]

深曰：古者男子生而懸弧，謂其有四方之志也。孔子周流四方，必有所見，安能繫于一處而不食耶？其在春秋、秦漢，而盟會撫巡者，固有其人。至于東晋以來，益多僑寓，雖曰久暫有殊，而盛德華俗、豐功禆治，則咸有踪迹之可指也。是不可以爲式耶？

名宦論一[3]

深曰：人皆有禮義，特困于飢寒而不自知耳。所以龔

---

① 見嘉靖《河間府志》卷十二《世系志》。

② 見嘉靖《河間府志》卷十三《寓賢志》。

③ 見嘉靖《河間府志》卷十四《宦迹志》。

遂治渤海，罷捕盜吏而勸民農桑者，得其要矣。至于雞豚狗彘之畜，與夫勞來循行之典，皆三代養民之法。孟子欲行于齊梁而不可得者，至是始得見之。則是遂之所遇，過于孟子遠矣。遂其三代之臣歟！

名宦論二①

深曰：祭法有五，曰法施于民，曰以死勤事，曰以勞定國，曰能禦大灾，曰能捍大患。顧瀛宦迹，有合于此者多矣。而名宦立祠，止四五處而已，其他猶未焉，豈其無可祀耶？抑可祀而或缺耶？夫略于前而責于後，雖欲勸善，無及矣。

建議論②

深曰：經國之道，有可爲者，君子己身任之矣；其不得爲者，則白于君而處分焉。是故有進言之職。有官守者，既以事迹而可傳矣；有讜言者，非有别則無聞焉。是故有建議之志。

---

① 見嘉靖《河間府志》卷十七《宦迹志》。
② 見嘉靖《河間府志》卷十七《宦迹志》。

仕籍論[①]

深曰：歷觀仕籍，其大者足以用世，而小者亦足以爲世用。至用于世也，亦以無忝厥位爲美，而官階之崇卑，乃一時所遇之不同耳，非所急也。後之讀仕籍者，其當知所重矣。

儒林論[②]

深曰：自秦而後，如蒯通、朱建輩，皆踵儀秦之辯，而賈誼、晁錯，亦明申韓之學，不有仲舒起而排之，則刑名縱横之禍，詎可已乎？此功所以不在孟子下也。至于轅固、毛萇之流，或爲《詩》、或爲《禮》，亦皆專門名家，往往得傳于异代。故秦火之後，使六經之文，得傳于後世者，則諸儒之力，不可少也。其功固不遠且大歟！

孝友論[③]

深曰：孝弟者，人道之本也。于此而厚，則餘可類推；

① 見嘉靖《河間府志》卷二十三《人物志》。
② 見嘉靖《河間府志》卷二十四《人物志》。
③ 見嘉靖《河間府志》卷二十四《人物志》。

于此而薄，則雖有善焉，猶將無益也。是人道之修否，風俗之淳薄，皆致决于此，而政教之得失，亦豈有外于是耶？

隱逸論[①]

深曰：含章者，人不易知；肥遯者，人不易聞。蓋既無事業之可求，又無名位之可見，此而不知，理固然也。况瀛州兵革屢馳，典籍散亂，其泯滅而無傳者，吾不知其爲幾也。故僅録一二，以盡所聞云爾。

高義論[②]

深曰：毫末之利，人争惜之，况厚施乎！族黨之親，人多外之，况利人乎！是故輕財，義也；濟物，仁也；體上之義，忠也。一舉而三善備焉，可以爲難矣。

貞烈論[③]

深曰：我朝貞烈者，制旌其門，但旌者少而遺者猶多也。後惡其難且費也，則不惟遺，而且至于廢焉，是不知

① 見嘉靖《河間府志》卷二十四《人物志》。
② 見嘉靖《河間府志》卷二十四《人物志》。
③ 見嘉靖《河間府志》卷二十五《人物志》。

善人何由而勸也？故予歷求其人而記之，亦欲使之志存則名存，名存則雖不旌焉，勸在其中矣。況自此而俟之，又有可旌之理耶？

方技論[①]

深曰：小道可觀，至理攸寓，精造之極，可通神矣。人皆惜扁鵲之智高天下，而不能燭人之奸；道濟群生，而不能自全乎己以爲疑，不知以仲尼之聖，而幾爲桓魋所中，況其餘乎？

薦辟論[②]

深曰：聞漢董仲舒對策曰："臣愚以爲使列侯、郡守、二千石各擇其使臣之賢者，歲貢各二人，以給宿衛。"後遂令州郡舉茂才、孝廉，終漢之世，河間薦舉者，一十九人。一郡如此，則天下後世可知矣。其廣天下賢才之路，詔萬世薦舉之公，厥效宏且遠矣。故表見于此，使知立法定制之源，其亦有所自云。

深曰：薦舉亦可以得人也。顧兹河間，若趙苞、劉輔

---

① 見嘉靖《河間府志》卷二十五《人物志》。

② 見嘉靖《河間府志》卷二十六《選舉志》。

之在漢，則以孝廉舉；高適、張士衡之在唐，則以有道舉；王震、李庸之在國初，則以人材賢良舉。而今則惟以科目待士而已矣。嘗聞丘文莊欲國家別設一科，以求遺才，使豪杰之士，如黃巢之流者，不但不爲我害，而且爲我用。法亦良矣，然獨不思天下之有遺德乎？書幣徵賢，國初行之已久，今固不可別爲之處耶？

科貢論[①]

深曰：國家用士，有科目以待英才，有歲貢以循年資。往年歲貢論才，不拘後先，名曰選貢。然行之未久，旋即報罷，仍舊典矣。雖得人與否，尚未足徵，而法例因革，有足考矣。

封贈論[②]

深曰：我朝封贈之典，既得俾其父如其子之官。至于官階之崇，則又有任子之令，使得與科甲者同顯名于當世。是國家寵遇之隆，臣子遭逢之盛，視前代益有加也。則夫感激之下，圖報之誠，當何如其爲心耶？

---

① 見嘉靖《河間府志》卷二十六《選舉志》。

② 見嘉靖《河間府志》卷二十六《選舉志》。

寵賚論①

深曰：《周易》："錫馬蕃庶，晝日三接。"蓋寵賚之事，自古有之。而孔子賜食、賜生，即此意也。《漢書》載桓榮稽古之事，非爲侈美之談，亦謂君臣之義，至漢猶未泯也。我朝寵遇優隆，超越前古，誠意懇至，千載一時，豈曰儀不及物而已哉！

藝文論②

深曰：秦火之後，典籍罔存。至漢，群書稍出，而河間獻王與有力焉。至唐，收輯群書，止得隋書八千餘卷，而兵燹相尋，殘缺罔繼，君子惜焉。今志藝文，雖不敢比迹獻王，而旁搜遠紹之下，其凡可得而言也。

① 見嘉靖《河間府志》卷二十六《選舉志》。

② 見嘉靖《河間府志》卷二十八《藝文志》。

附録　研究資料

《明史》卷二百七《楊思忠傳》附樊深[1]

世宗晚年，進言者多得重譴。二十九年，俺答薄都城。通政使樊深陳禦寇七事，中言仇鸞養寇要功。帝方眷鸞，立斥爲民。……深，大同人。……穆宗嗣位，并復官。深尋遷刑部右侍郎，齊康之劾徐階也，深劾康并詆高拱。時登極詔書赦死罪以下囚，而流徒已至配者，所司拘律令不遣。深言，殊死猶赦，而此反不及，非所以廣皇仁。詔從其議。旋進左侍郎，罷歸。

---

① 見張廷玉等《明史》，5481—5482頁，中華書局，1974年。

萬曆《河間乘史·樊深傳》[①]

公諱深，字希淵，自少警敏，嗜學善屬文，爲郡庠生，即名殷殷起，以明經舉鄉闈第七人，嘉靖壬辰登進士第。初授蘇州府推官，蘇，繁巨郡也，故難理，公爲理明恕，郡中稱平，無冤民，每部使者上薦書，公必居最。徵至京，拜户科給事中，復給事兵科，前後建白，凡十餘疏，皆軍國大計，一時倚以爲重。遷通政司右參議，累晋通政使。庚戌秋八月，北虜入犯，直逼都下，公奮然陳禦虜七事，且劾權貴將臣誤國之罪，語甚激切，忤旨落職。于是飄然拂衣去，杜門旦夕讀書，博極今古，率以爲常，有司罕見其面。行部諸公至郡第，望廬敬式之，特薦于朝。莊皇帝御極，遵遺詔録用建言舊臣，首召公復職。未幾，擢刑部右侍郎，尋轉左侍郎，侍經筵，署掌部事。議獄明允，執法不撓。方是時，上方嚮用公，而公引年殊懇，遂致仕歸。

公丰神魁奇，惟以道誼飭躬，以忠孝自許，其律己甚廉，而至于置義田，贍宗族，捐錢米賑救人之急，惟恐弗逮。德量甚洪，犯而不校，而气節强毅，則屹如山岳不可動摇矣。公平生著述最衆，有《諫垣奏議》《漣漪亭稿》

---

① 見萬曆《河間乘史》下卷，注："輯墓志。"（原國立北平圖書館甲庫善本叢書）康熙《河間縣志》卷十二亦載此文，有删節。

《河間府志》《樊氏族譜》《防邊議》《禦戎論》《籌荒録》《讞獄記》及《西田文集》《語略》若干卷。

乾隆《河間府新志·樊深傳》[①]

樊深，大同中衛籍河間人。深好學有雅才，中嘉靖壬辰進士，自户科給事歷官刑部侍郎。時河間守部相以郡無志乘，慨然欲修之，舉以屬深。深成書二十八卷，郡之有志，自此始也。今深書不傳，《明史·藝文志》列其目。

乾隆《河間縣志·樊深傳》[②]

樊深，字希淵，號西田，大同中衛籍河間人。成嘉靖壬辰進士，授蘇州府推官，以薦徵拜户科給事中，復給事兵科，遷通政司右參議，晋通政使。庚戌秋，以劾權貴將臣忤旨落職。莊皇帝御極，録建言舊臣，復召用，擢刑部右侍郎，尋轉左，侍經筵，署掌部事，以年老乞致政歸。深少好學問，有雅才，其任户科時，丁憂家居，河間守龍山部公相，以郡無志，慨然欲修之，舉以屬深，深成書二十八卷，郡之有志，自此也。今深書不傳，《明史·藝文

① 見乾隆《河間府新志》卷十二。

② 見乾隆《河間縣志》卷五。

志》列其目。平生著述尚有《諫垣奏議》《漣漪亭稿》《樊氏族譜》《防邊議》《禦戎論》《籌荒録》《讞獄記》及《西田文集》《語略》若干卷。

乾隆《大同府志·樊深傳》①

樊深，大同人，嘉靖間爲通政使，疏劾仇鸞，時鸞上方優眷，立斥深爲民。穆宗初，復官，寻遷刑部右侍郎。时恩赦死罪以下，而流徒已至配者，所司拘律令不遣。深言，殊死猶赦，而此反不及，非所以廣皇仁。詔從其議。旋晋左侍郎，罷歸，卒。

《西田語略》序②

王任用

《西田語略》者，大納言樊老先生所著也。先生以壬辰進士，筮仕于吾蘇郡之理官，刑清民服，文教丕振，恒竊慕之。丁未，余始舉進士，乃試政于先生之屬。間嘗從先生問政，則出其《讞獄稿》《禦夷策》，美哉其猷之遠也！既進而問學，則出其《西田詩稿》、經史諸論，美哉其義之

---

① 見乾隆《大同府志》卷二十二。

② 見樊深《西田語略》，《四庫存目叢書》子部第10册。

博也！又進而問道，則出其《語略》凡若干卷。余受而卒業焉，乃知先生之于道，淵乎微矣！

夫道，渾然一本，而人之所見，各隨其分。仁者見之謂之仁，知者見之謂之知，賢識其大，不賢者識其小。凡秦漢以來，立言之士，固多不該不偏之説，故曰：慎子有見于後，無見于先；老子有見于詘，無見于信；墨子有見于齊，無見于畸；宋子有見于少，無見于多。蓋聖學絶而大道隱，無怪乎師心自用，而各售其説，以求勝也。自宋儒出，而理學大明，家傳人誦，較若畫一。雖童心淺知，往往有老師宿儒之所不及聞者，然而循習之久，尊信之過。入于耳者，不求體會之真；出于口者，非有自得之趣。言道德則不達性命之精微，言政理則不適經濟之實用。贅辭長語，剿説雷同，其亦何補于世？

先生以豪杰之才，充之以篤實之學，不汩没于辭章業舉之習，而直探大道之原。其立言指事，根極理要，然皆中正和平，徹上徹下，能擴前賢之所未發。凡天之所以高、地之所以厚，人倫之所以明，物則之所以具。鬼神之微顯，禮樂之污隆，儒佛老莊之是非，君子小人之進退，中國夷狄之盛衰，悉闡其幽而發起秘焉。大哉言也，斯其至矣！昔人謂不通天地人者，不足謂之儒，若先生者，其殆庶幾乎！余嘗讀張子之《經學理窟》，胡子之《知言》，未嘗不嘆其不得與《通書》《正蒙》并行于世。先生之書，又何讓焉！其信今其傳後，斷可必矣。諸門弟子，固請于先生以就梓，乃乞余之言引其端。嗟乎！余之寡昧，何足以測先生之涯涘？竊幸附名于不朽之末，故敢妄爲之説如此云。

嘉靖戊申孟冬之吉，東吴後學王任用書于長安寓舍。

《四庫全書總目·嘉靖河間府志》①

明樊深撰，深，號西田，河間人，嘉靖壬辰進士，官至通政司通政使，事迹附見《明史·楊思忠傳》。其以深爲大同人，則因深以軍籍登第也。是編成于嘉靖庚子，凡十六門，分子目六十有一。是時天津衛未分爲府，興濟縣亦尚未廢，河間所屬，凡州二、縣十六，故今天津、滄州、静海、青縣、鹽山、慶雲、南皮，皆并載志中。深自序稱，"一方之山川、墳土、習俗、往迹，咸搜輯罔遺，若夫述怪誕以表奇特，著事應以實祥异，增仙釋以備觀覽，名教之所禁者，皆得而略焉"。其體例頗謹嚴，而采掇古事，不免貪多，假借附會，均所不免，仍不出明人地志之積習也。

《四庫全書總目·西田語略》②

明樊深撰，深有《河間府志》，已著録。此書皆雜鈔先

---

① 見永瑢《四庫全書總目》卷七十四，643 頁，中華書局，1965 年。

② 見永瑢《四庫全書總目》卷九十六，813 頁，中華書局，1965 年。

儒語類，以多爲貴，無所發明。

明故封徵仕郎户科給事中鶴峰樊公墓志銘①

龔用卿

嘉靖戊戌冬十一月辛卯，天子肇興明堂之祀。大享禮成，詔告多方，覃恩于臣下，凡在廷百僚，皆得以其子之貴，封贈其所親。則聞有鶴峰公者，給事中深之父也。先是以疾就醫于京師，且省其子，值恩遇异數，以故得封爲徵仕郎户科給事中，配潘氏爲孺人。甫越月而疾亟，遂以初七日丙午卒于邸第。距其生于成化丁酉閏二月初一日，年六十有二。其子深將奉其喪歸葬于瀛海之東孟家莊，以韓黄門所叙之狀，來徵予銘。

按狀：鶴峰公姓樊氏，諱景時，字太和，世爲合肥巨族。其先祖曰進者，從我明太祖起兵定天下，以功授懷遠將軍山右蔚州指揮同知，至其子曰貞者，以不與成祖靖難之舉，謫戍河間，遂爲河間人。鶴峰翁幼而早慧，性縝密和厚，接人有禮，讀書能知大義，頗好爲文辭，凡嘉言善行之有益于世教者，必書諸户几，以備觀覽。雅好施予，

① 見龔用卿《雲岡公文集》卷八，臺灣珍藏善本叢刊古鈔本明代詩文集，第11册，420—423頁，新文豐出版公司，2013年。

能周人之急。凡親戚鄰里有貧乏不能自給者，輒分所有以助之。丁丑歲饑，貸民粟數百石，後其人迫于荒旱，竟不責其償。考諱資，早卒。事祖耄壽公及母金氏，能盡孝敬。衣服飲食之奉，醫藥之供，必躬親之。母稍有不悦，必率子孫羅跪于前，冀得其歡心而後已。善訓迪子姓，其務學者勉以進業，力農者戒以務本。各飭以事而責其成。與諸兄弟敦友愛，怡怡然無間于内外。及深上春官、登進士，授蘇州推官，常迎養于官，時有訓言，以爲箴戒。三載，以治行入爲户科給事中。凡有建白，每稟命焉，懼貽親累也。公必勉以盡職，曰："上不負天子，下不負所學，以成吾未就之志，是吾願也。豈可以貽吾憂爲念哉!"深屢以入疏受知聖明，人皆曰："翁之教也。"及將逝，呼深謂曰："吾年逾六十，不爲夭；受封給事，不爲賤；承先人之業，不爲貧；今得見汝，不爲恨矣。"子二：長即深，娶徐氏；次潛，娶林氏。女一：適邊尹之子。侍孫男五：長相，庠生；次松、槐[①]、檜，次機，次樾。相、樾，深子也。松、檜、機，潛子也。孫女三：曰某，適某之子某某，俱未笄。其葬也，以十八年某月某日。銘曰：

施之裕，其發也卓；積之厚，其成也確。考祥于履，藴珍于璞。瀛海之東，有截[②]其墳。玄石之銘，世以有聞。

---

① "槐"字蓋衍文。

② "截"蓋"載"之誤。

咨爾來者，徵此刻文。

明故將仕郎鴻臚寺司賓署署丞西里樊公暨配孺人林氏鄭氏墓志銘[①]

李采菲

公諱潛，字希亮，别號西里，姓樊氏，原任刑部左侍郎西田公諱深之弟也。其先爲廬州府合肥縣人，七世祖進，嘗從太祖高皇帝，以戰伐功授山西蔚州衛指揮同知，繼遷宣府右衛。永樂中，以事謫戍直隸大同中屯衛，因家河間。曾祖謙，壽官。祖資，義官，贈通政司通政使。祖母金氏，贈太淑人。父景時，封户科給事中，纍贈通政司通政使。母潘氏，封太孺人，纍贈太淑人。生公兄弟二人：長西田公，若封若贈以其貴也；次即公。公生有异兆，資性穎敏，方就學，即有大志，夐然不群，繼因疾暫輟學，會西田公舉進士第，又父母年高，家務悉屬公理，公以此弗獲專業，然亦未嘗敢自廢也。既長，始補邑庠生。公知内外事日煩劇，艱於進取，乃援例游太學，尋即遥授鴻臚寺司賓署署丞。且曰："峨冠博帶，佩服宸恩，軒于里巷，是亦榮矣，

① 見獻縣本齋鄉孟各莊樊氏所藏墓志，署"賜進士第、太中大夫、山西行太僕寺卿、兼提刑按察司副使、奉敕整飭寧武關兵備、前四川道監察御史、郡人李采菲撰文"。

何必求聞達始爲足其欲乎!”自是益勤於家，殫力經畫，極其周備。更多置田宅，以奠不拔之基，故家道視前愈烝烝然稱盛矣。西田公歷官于外者數十年，及致政還家，公將其家所素蓄者，悉獻於西田公，析之惟均，而無毫髮私。公有妹，爲母所甚鍾愛，適任丘宦家子邊儀，公見其學尚未達，即推母志，爲之出貲入監，俾其成立，以光先人。凡厥家用，復隨時給之不缺。其教諸子，皆以義方。嘗曰：“人生惟讀書爲有裨于世，爾輩宜刻意勵學，以圖向往者，毋恃我所遺，自損其志，吾意慊矣。”故諸子歡然，咸若于訓，或入仕有期，或登科在望，公固將以食其報也。未幾，以疾卒於里第，是爲萬曆丁丑九月十二日，距其生蓋弘治癸亥十二月二十五日，享年七十有五。公爲人，見足以先物，才足以幹事。居家以儉，持己以謙。喜談論，好施予，泯驕泰。凡遇宗族鄉黨，油油然與之偕也，故遠近咸争慕焉。而太守平皐朱公亦重其行誼，請爲鄉飲賓云。公先配林氏，有懿德，閑於壼政，凡公所當行者，悉敬順無違，人皆賢之。生弘治甲子十二月十六日，年纔三十有八。乃于嘉靖辛丑八月二十一日先公卒。繼配鄭氏，慈惠貞静，其于公之治家，内助居多，媲美於林，蓋不誣焉。生嘉靖丁亥十一月十七日，年纔四十有三，乃于隆慶己巳四月二十五日，亦先公卒。於戲！公其壽矣，二氏何不相及之若是耶！男子五人：長松，府庠生，娶于氏；次檜，縣庠廩膳生，娶林氏；（俱先公卒，林尚存）次機，鴻臚寺序班，娶郝氏；（俱林氏出）次梧，府庠生，娶劉氏，繼娶張氏；次桐，府庠生，娶李氏。（俱鄭氏出）女子二人：一林出，適府庠生王偉；一鄭出，適薛自治。孫男六人：廷煦，聘鄧氏；廷然，聘沈氏；廷默、廷照（俱機出）；廷熙，聘陳氏；（梧出）廷杰（桐出）。孫女三人：一適府庠生劉養蒙，一適李逢春，（檜出）一許聘段銓（機出）。將以萬曆七年二月二十六日啓林、鄭之窆而合葬焉。其子機輩，以公爲余母之從兄，則知公者，其余也。因屬庠生姜君維楨狀公之行，走幣千里乞余銘，以昭久遠，余固不讓耳。銘曰：

燕山蒼蒼，瀛水茫茫。吁嗟我公，毓秀鍾祥。孝友龢睦，宜家宜鄉。□[①]秩不仕，載韜其光。丕承先業，寖以熾昌。子孫綿綿，慶衍無疆。維彼二配，賢亦孔彰。今斯已而，千古猶芳。

明府庠生光宇樊公墓志銘[②]

林應麒

古云："人生修短在天，歷履淑慝在人，卜葬吉凶在地。"昔之達者，類多用志焉，無非表先人事迹及歸窆處所，令後人有其識之不忘爾。余親樊公，爲瀛海世家，諱

---

① 原文漫漶。

② 見獻縣本齋鄉孟各莊樊氏所藏墓志，署"鄉進士知鳳陽縣事林應麒撰文"。

文炳，字在中，别號其光宇也。乃祖諱深，號西田，曾舉進士，由都給尋至刑部侍郎，進尚書俸，嘉靖中爲一代直臣，名重京師。乃父諱相，號麓原，科名未就，竟以明經登仕籍。曾二尹于樂陵縣，盛德善政，亦洋洋人耳。公乃西田之元孫，麓原之令子也。性資聰敏，丰度俊逸，方垂髫，即能文。遇提衡傅公擢黌序，遂潛心舉業。群書樂觀，慨然以繩祖爲期許，蓋亦宦門中杰然秀出者。且養志事親，宗族稱孝。持己謙厚，待物和平，而用財極其節儉。至族人親友婚喪大事，力不克舉者，公悉輸己資以助不給。人多見德，都歎惜也。稍疏自愛，足痿衡門，竟令甲第元樓無由纘步。傷哉！幸而天心尚眷，默佑精神。即庭幃之間，每每端坐罄日，或以玩經史，或以理家務，或以呼諸子而課其文業，較未疾之前，尤詳且密。外人聞之，皆駭服。環庭内，罔不肅命。蓋近十載于兹矣。客歲四月七日，偶疾篤，余往視之，公執手泣下，曰："吾輩爲三世親，又爲三十餘年兄弟之交，今又結姻親八年有奇矣。兒女亦既配合矣。异姓骨肉，無如兄丈，菲薄歷履、心事其熟睹而曉暢者，亦無如兄丈。吾病覺不起矣，吾子俱幼，未成器，祈護教之。墓志銘一篇，祈親筆賜之石。"余聞之，亦泣下唯唯，曰："忝在至親，又荷惓惓，敢不敬受命？"越九日，遂以正寢終焉。臨終時，縷析談後事，毫髮不爽。及殮之日，其顔若生，所謂存順没寧者非耶？公生于嘉靖三十八年二月十二日，卒于萬曆三十六年四月十六日，得年五十歲。配柳氏，乃參藩宗葵公女也。子三：長培甲，娶易開府登瀛子簡之女；次子培科，未聘；又次子培胤，聘李開府采菲長子太學生重光之女。其女五：長適御史張光緒之次男諱春和，次適林知縣應麒之長男諱桂芬，三未許配，四許配舉人王元桂之三男諱光寅，五未許配。孫男一，名茂盛，孫女亦一，俱幼。兹歲己酉三月初四日，卜葬于城東孟家莊祖塋之次。厥子培甲，正月念七日，執幣捧狀叩余文，余不敢諉。敬沐手，按狀并夙所深知者書之，以志不朽云。銘曰：

哲人挺生兮，帝祐先公。五旬歸逝兮，眉壽初逢。雲程雖蹇兮，家道隆隆。芝蘭叠秀兮，子孫繩繩。克昌厥後兮，含笑冥冥。

後記

樊深的《漣漪亭稿》，明清以來，鮮有寓目者，以至于清代河間府縣志認爲其書不傳。起初，獻縣于萬復先生查檢到歙縣博物館（今名徽州歷史博物館）藏有此書嘉靖刻本——古河間府，明代別集寥寥，《漣漪亭稿》顯得尤其珍貴——但多方打問，均無結果。日月不居，瞬逾十載。

癸卯仲冬，華北平原積雪未消，鎮日枯坐無聊，忽忽心有所感，便放下手頭的活計，南下訪求此書。幸有張志勇教授、徐小潔教授從中聯絡，歙縣文化旅游體育局謝蓉調研員、徽州歷史博物館方暉副館長熱情幫助，我們得以順利看到此書，并整理出來。然而《漣漪亭稿》僅二萬餘字，不足一册之量，乃以平時搜集之方志、族譜、碑銘之詩文、雜論足之。庶零篇散帙，以其人傳。在材料搜集過程中，得到張紀岩、田國福、馬合意、孫希會、陳萬清諸位先生的指教。大家的共同努力，讓古河間又多了一個明人别集，豐富了地方文化。

徽州訪書之餘，還游覽了這座名聞遐邇的古城，成爲人生中難忘的閱歷。同行者，有劉芳、范榕二位博士。

甲辰初春，劉青松識。